D1748059

Impressum

© 2013 Rolf Schlegel & Rolf Leimbach

Corrensstrasse 01
D-06466 Gatersleben, Deutschland
Tel. +49 (0) 39482 71051
E-Mail: rolf.schlegel@t-online.de
Internet: www.plant-breeding-update.de
&
Eisenacher Str. 18
D-36457 Stadtlengsfeld, Deutschland
Tel. +49 (0) 36965 61369
Email: rolf.leimbach@t-online.de

Herstellung und Verlag:
BoD - Books on Demand, Norderstedt
Redaktion: Beata Debacka
In de Tarpen 42
D-22848 Norderstedt, Deutschland
Tel.: +49 40 - 53 43 35-0
Fax: +49 40 - 53 43 35-84
www.bod.de, info@bod.de
1. Auflage

ISBN 9 783732 286751

Bibliografische Information der Deutschen Nationalbibliothek Die Deutsche Nationalbibliothek verzeichnet diese Publikation in der Deutschen Nationalbibliografie; detaillierte bibliografische Daten sind im Internet über www.dnb.de abrufbar.

Autoren

Prof. Rolf Schlegel, ist Emeritus für Zytogenetik, Genetik und Pflanzenzüchtung, nach über 40 Jahren Erfahrung in Forschung und Lehre. Er ist Autor von mehr als 200 wissenschaftlichen Publikationen und anderen Abhandlungen, Koordinator internationaler Forschungsprojekte und Mitglied mehrerer internationaler Organisationen. Er veröffentlichte bereits erfolgreich fünf Fachbücher in englischer Sprache, herausgegeben von drei amerikanischen Verlagen. R. Schlegel diplomierte 1970 auf dem Gebiet der Genetik und Pflanzenzüchtung und promovierte 1973. Die Habilitation (Dr. sc.) folgte 1982. Er war langjährig an der Martin-Luther-Universität Halle-Wittenberg, dem Institut für Genetik und Kulturpflanzenforschung der Akademie der Wissenschaften, Gatersleben, dem Institut für Getreide und Sonnenblumenforschung, Dobrich/Varna sowie dem Institut für Biotechnologie der Bulgarischen Akademie der Landwirtschaftswissenschaften tätig, darüber hinaus an verschiedenen wissenschaftlichen Einrichtungen der USA, Brasilien, England, Japan, Russland und anderen Ländern.

Seit geraumer Zeit hat er die Ahnenforschung seines Heimatortes Stadtlengsfeld zur Freizeitbeschäftigung gemacht. Dabei ist eine Datei von mehr als 24.000 Personeneinträgen aus der mehr als tausendjährigen Geschichte des Ortes zustande gekommen. Die Schicksale von solchen Menschen und deren Leben bieten Stoff für eine Vielzahl von Geschichten und historischen Darstellungen. Diese einem breiten Publikum kundzutun ist eine neue Passion des Autors.

Studienrat i. R. Rolf Leimbach war 47 Jahre Lehrer in Stadtlengsfeld. Als Mitglied des Wissenschaftlichen Rates für Unterstufenforschung an der Akademie der Pädagogischen Wissenschaften der DDR beteiligte er sich an der Weiterentwicklung von Lehrplänen sowie Lehrmaterialien für das Fach Heimatkunde. Seine Publikationen in der Fachzeitschrift „Die Unterstufe" befassten sich mit methodischem Experimentieren und der Erziehung zur aktiven Fragehaltung. Er veröffentlichte zahlreiche methodische Handreichungen für den Heimatkundeunterricht. Er ist Autor zahlreicher Lehrbücher, Schülerarbeitshefte und Unterrichtshilfen für den Heimatkunde- und Sachunterricht.

Nach dem Ausscheiden aus dem aktiven Schuldienst intensivierte Rolf Leimbach seine heimatkundlichen Forschungen. Er veröffentlichte eine umfangreiche Chronik seiner Heimatstadt, die Geschichte des Porzellanwerkes Stadtlengsfeld, des Schulwesens, des Kaliwerkes Menzengraben sowie der Kirche. Weitere Arbeiten befassen sich mit den Hexenprozessen im 17. Jahrhundert, den Ereignissen des Jahres 1848 in der Stadt Lengsfeld, der Brandkatastrophe 1878 und dem Jahr 1945. Einen besonderen Schwerpunkt bildet die Erforschung der einstigen israelitischen Gemeinde im Heimatort, die zu den größten in Thüringen zählte.

Rolf Leimbach ist es ein stetiges Anliegen, die facettenreiche Geschichte seiner Heimatstadt vielen Bürgern und Gästen nahezubringen. Deshalb engagiert er sich im Kultur- und Geschichtsverein mit Vorträgen, Führungen und Ausstellungen.

Vorwort

Man muss wohl erst zum älteren Semester gehören, bevor man die Zeit und Muse besitzt, um sich intensiver mit seiner Heimat und seinen Wurzeln zu beschäftigen. Beide Autoren haben neuerdings das Privileg. Obwohl beide in Stadtlengsfeld geboren wurden, aufwuchsen und zur Schule gingen, haben sich ihre Wege durch das Berufsleben verloren. Erst im Jahr 2011 war es soweit, dass sie sich wieder begegneten. Der eine schon länger befasst mit der Geschichte der Rhön, der andere über die Suche nach seinen Ahnen.

Bereits die ersten Gespräche waren von großem Konsens und individueller Begeisterung geprägt. Es brauchte somit nicht allzu lange, um neue Ideen und gemeinsame Pläne zu gebären. Basierend auf dem bereits angehäuften Fundus an geschichtlichen Daten, Personenbeschreibungen, Fotos sowie schriftlichen Belegen bestand die Frage, wie man die Vielzahl von Informationen einem breiteren Publikum, insbesondere aus Stadtlengsfeld nahe bringt.

Eine Möglichkeit sahen die Autoren in monatlichen Kurzgeschichten, die im Lokalanzeiger „Baier-Boten" veröffentlicht werden. Sehr schnell war aber zu erkennen, dass die schriftstellerische Produktivität der beiden Autoren größer war als man in monatsweisen Publikationen unterbringen kann. Daher rührte der Gedanke, einzelne historische Beiträge in Buchform zu publizieren. Eine solche liegt nun vor. Eine derartige Monographie kann ebenfalls periodisch weitergeführt werden.

Bereits fragmentarische Unterlagen wurden gesichtet, systematisiert und in ein geeignetes Format gestellt. Hinzu kamen eine Vielzahl von persönlichen Kontakten, Recherchen im INTERNET sowie Standesämtern, Kirchenbüchern und alten Gazetten. Das Ergebnis lässt sich sehen. Obwohl es niemals ein Ende gibt, sind bereits mehr als 20.000 Menschen über mehr als tausend Jahre jüngerer Geschichte des Heimatortes in eine elektronische Datenbank eingeflossen. Die dazugehörigen Einzelschicksale bieten Stoff für Generationen.

Die Autoren betrachten ihr Werk als Vermächtnis an die gegenwärtige Generation, Kinder und Enkel. Mögen sie sich ihren Wurzeln bewusst werden, ihren Vorfahren gedenken und die Sammlung eines Tages weiterführen.

Es ist in höchstem Maße interessant zu sehen, woher wir kommen, wie die Geschichte das Wohl und Wehe von Personen beeinflusste sowie Menschen schon immer versuchten, ihre Leben aufzuschreiben und zu dokumentieren.

Nicht die Suche nach Luca (bezeichnet in der Ahnenforschung den ersten urkundlich nachgewiesenen Vorfahren = englisch: **L**ast **U**niversal **C**ommon **A**ncestor) trieben uns, sondern die Neugier nach den Wurzeln der Vielzahl von Lengsfelder Bürgern, ihren Familien sowie deren Rolle in der Geschichte. Dabei wurde sichtbar wie sich lokale menschliche Populationen vermischen, wie geographische sowie gesellschaftlichen Grenzen überschritten werden, wie Kriege Familien auslöschen, wie Stammbäume enden und andere wachsen oder wie sich Berufe und Namen historisch wandeln.

Deutlich wird zugleich, dass die Mobilität in der Neuzeit im größer wird und die Familien immer kleiner.

Der erste Band einer geplanten Serie von „Lengsfelder Geschichten" ist eine kleine Auswahl von Artikeln, die entweder bereits anderswo veröffentlicht oder neu erstellt wurden. Es war nicht beabsichtigt, eine exakte geschichtliche Abfolge der Beiträge zu gestalten. Es ging mehr darum, die Zusammenstellung so zu arrangieren, dass eine möglichst große Aufmerksamkeit erzielt wird. Viele Details sind nicht in die Artikel eingeflossen, weil diese das Leseerlebnis gestört hätten. Diese können aber jederzeit bei den Autoren nachgefragt werden. Abbildungen, Schemata und Fotos dienen einem ähnlichen Zweck. Fußnoten und Quellenangaben wurden auf ein Minimum reduziert. Sie finden sich in einer an das Ende des Buches verlegten Bibliographie.

Rolf Schlegel   Rolf Leimbach

Stadtlengsfeld, im November 2013

Danksagung

Die Autoren möchten Herrn Redakteur Matthias Mayer, Marburg, für die kritische Durchsicht des Manuskripts danken. Seine Hinweise und Anregungen sind wohlwollend in das Buch eingeflossen.

Inhalt

Lengsfeld in den Wirren der Zeit

Der Hexerei angeklagt …

Anna Schmidt – eine Hexe

Ein Werwolf in Lengsfeld

Der Tod ist nicht umsonst

Waldsachsen

Kohl oder Kohle

Holz- oder Braunkohle

Kohlhepp wandert aus

Rebellion

Die Pertermanns

Ein Philosoph in Lengsfeld

Ein Denkmal aus Valparaíso?

Moritz Goldschmidt und die Lengsfelder Schule

Maestro Zentgraaff

Bergbau in Lengsfeld

Vom Viehhändler zur Industriellen-Dynastie

Bibliographie

Lengsfeld in den Wirren der Zeit

Rolf Schlegel & Rolf Leimbach

Unser Heimatort hat im Laufe seiner Geschichte viele Irrungen und Wirrungen über sich ergehen lassen müssen. Lengsfeld hat wohl seinen Namen daher, dass es „längs der Felda" erbaut worden ist oder – was wahrscheinlicher ist – ein offenes, ebenes Land war, abgeleitet aus dem mittelhochdeutschen „lenges" (= lang, weit, groß) und dem althochdeutschen „feld" (= offenes, ebenes Land). In einigen Urkunden wurde es auch als *Langhesuelt* oder *Legesfelt* bezeichnet. Obwohl „*das menschenleere Buchenlande*" [13], d. h. Buchonia, die Gegend der Rhön, nicht allzu groß ist, war das Land doch mehreren Herrschaften zugehörig. Vor dem Jahr 786 erwirbt das Kloster Hersfeld unter Bischof Lullus (705 - 786) u. a. Besitzungen im *villa Salzungun* (Salzungen) *Lengesfelt* (Lengsfeld) durch Schenkung. [11] Bei dem im „*Breviarium sancti Lulli*" aufgelisteten Ort könnte es sich aber auch um ein anderes untergegangenes Lengsfeld handeln. [8,12] Im Jahr 786 wird *Thorandorf* an der Werra (Dorndorf) ebenfalls in einer Schenkungsurkunde von Kaiser KARL der Große und König der Franken sowie Langobarden erwähnt. [10] Das deutet, dass es zu dieser Zeit bereits Siedlungen in der Region gab, die mit heutigen Orten harmonieren.

Mittelalter

Lengsfeld gehörte im Altertum zum Gau Tulli- oder eher Grabfeld. Schon 897 haben die „*Äbte von Fulda für und im Namen der Kirche daselbst unter der Oberlehnherrlichkeit des deutschen Kaisers lehnherrlichen Antheil an Lengsfeld gehabt. Ob die Edlen von Lengsfeld als Ministerialen in ihrem Dienste standen und ihre Angelegenheiten in der Stadt verwalteten, oder ob dieses Geschlecht zu den nobilis gehörte und somit vielleicht einen Theil des Ortes sein Eigen nannte, lässt sich nicht ausfinden"*.[15] Eine urkundlich belegte Nennung des Ortes in Form von zwei Adelsnamen (*Ludevic de Leingisfeld* (= Ludwig von Frankenstein) und *Erkenbert de Leingisfeld*) als Zeugen bei einer Schenkung zugegen waren) gibt es aus dem Jahr 1137.[19] Explizit erwähnte Friedrich I. Lengsfeld 1155 als er Ludwigo von Lengisfelth als Zeugen benannte.[18] Im Jahr 1186 werden Güter des Klosters Zella in Lengsfeld erwähnt. Von 1155 - 1215 werden Hersfelder Ministerialen als Herren des Ortes genannt, obwohl das Schloss um 1235 als Fuldaer Lehen in den Händen der Frankensteiner war.

1359 verlieh Kaiser Karl IV. das Marktrecht. [16,17] Karl V. gestattete 1548 das Abhalten von Jahrmärkten (vergleiche nachstehenden Wortlaut).

„...bekennen öffentlich mit diesem Brief wann Uns Unser und des Reiches lieber Getreuer Georg von Boineburg zu Lengsfeld demütiglich angerufen hat, ... daß Wir gnädiglich angesehen solch demütige Bitte, auch angenehme getreue Dienste, die er Uns und dem Heiligen Reich bisher getan hat und darum mit wohlbedachtem Mut... dem genannten Georgen von Boineburg drei Jahrmärkte, als nämlich den ersten auf Sonntag Vocem Jucunditatis, den anderen auf Sonntag nach Galli, den dritten auf Purifloationis Mariae im gedachten Flecken Stadt Lengsfeld aufzurichten und hinfüro ewiglich zu halten gnädiglich genannt und erlaubt.... Gegeben in unserer und des Heiligen Römischen Reiches Stadt Augsburg am 4. Tage des Monats Juni... 1548. Carolus." [21]

Selbst sprachlich war die Rhön nicht einheitlich. Lengsfeld lag um das Jahr 900 im Grenzbereich zwischen Franken und Thüringen (vergleiche Abb. 1). Dennoch ist die Mundart hauptsächlich fränkisch geprägt. Hier begann in Richtung Norden und Osten der Westergau. Nach Süden und Westen war die Region dem Grab- und/oder Tullifeld[1] beigeordnet. Es war Graf Popo

---

[1] Die mysteriösen Worte leiten sich vermutlich aus dem althochdeutschen Wort für Graf ab (*gravio, grafio, graphio*). Papst Gregor III. nennt Bewohner der Landschaft in einem Schreiben aus dem Jahr 793 die „*Graffelti*". Karl der Große schrieb i. versch. Urkunden im Jahre 776 „*Graffelt*" als Bezeichnung für

der um das Jahr 810/811 das Tullimit dem Grabfeld vereinigte. Zu dieser Zeit wurde Lengsfeld noch dem Tullifeld zugeordnet. Das geht aus einer Urkunde vom 4. November 819 hervor. [9,11]

Die Kelten

Aus vorgermanischer Zeit gibt es wenig zu berichten. Bei Stetten und Leimbach wurden Hügelgräber aus der Bronze- (2.200 - 800 vor der Zeitrechnung), bei Ostheim aus der La-Tene-Zeit (500 - 100 vor der Zeitrechung) gefunden. Im Umkreis des Werratals waren es vorrangig Kelten, die Spuren hinterließen. Steinwälle am Baier und umliegenden Anhöhen zeugen davon (vergleiche Abb. 2).

Der Begriff „Kelten" (griechisch = *keltoi*) wird uns erstmals von griechischen Geographen und Historikern des 4. - 6. Jahrhundert vor der Zeitrechnung, z. B. Herodot um 450 vor der Zeitrechnung). Ob sich alle zu jener Zeit lebenden Stämme so bezeichneten, ist unklar. Dennoch sprechen die Archäologen bereits von den „Kelten", wenn die Befunde bis ins 8. Jahrhundert vor der Zeitrechnung zurück datieren.

Ein griechischer Autor berichtet über die Kelten: „Wein lieben sie über alle Maßen; den Wein gießen sie in sich hinein ... bis sie berauscht in den Schlaf ... fallen"

---

diese Gegend. Ludwig der Fromme bezeichnete die Landschaft 893 mit „*Graphelt*". Die Gegend war also das Feld der Grafen, das Grafenfeld. Das Tullifeld (Föhrengau), ein Gau Buchonias, unterlag hauptsächlich der fränkischen Kolonisierung, die bereits im 5. Jahrhundert begann. Ortsnamen auf "hausen" (*hus, huson*) deuten auf eine fränkische Gründung hin. In einer Schenkungsurkunde Karls des Großen für die Abtei Hersfeld aus dem Jahr 786 sind erstmals mehrere Orte der Umgebung urkundlich erwähnt, u. a. Steinfeld, das spätere Wölferbütt. Die Bezeichnung könnte sich von dem alten Wort „*dol*" oder „doldir" herleiten, das einen niedrigen, plattliegenden Ort, eine zu Wiesen und Weiden bequem zugängliche Gegend anzeigen soll. [1,2,3,6]

Allerdings fand der Lengsfelder Lehrer und Schulleiter Albert Bönicke in den 1930er Jahren in seinem Garten beim Umgra-

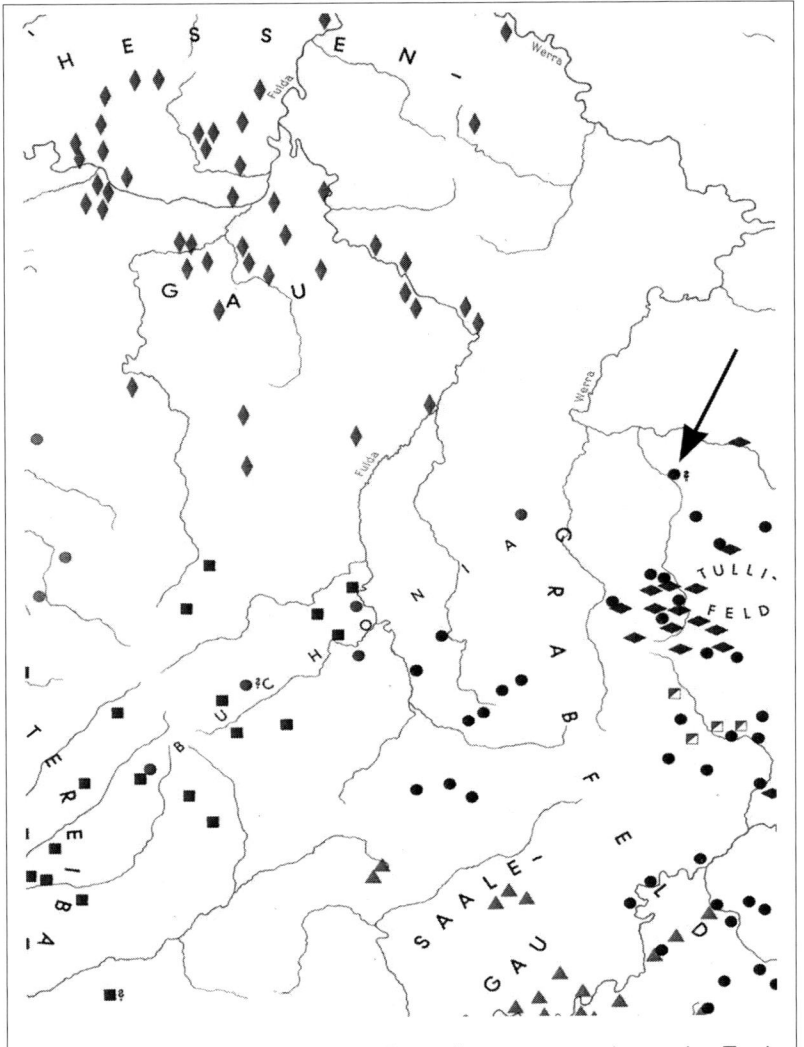

Abbildung 1: Ausschnitt aus einer Darstellung, unter anderem das Territoriums „Tullifeld" vor dem Jahr 900 mit Siedlungen, möglicherweise Lengsfeld am Bogen der Felda (siehe Pfeil); Quelle: [4,9,11]

ben ein bronzezeitliches Relikt – namentlich einen massiven Armring mit wechselndem Sparrenmuster und Strichverzierung. [24] Im Jahre 58 nach der Zeitrechnung berichtet der Römer Publius Cornelius Tacitus über eine Schlacht der Hermanduren und Chatten (Hessen) um einen salzreichen Fluss, womit vermutlich die mittlere Werra gemeint ist. Im Laufe der Völkerwanderung könnten auch Slawen das heutige Rhöngebiet durchzogen haben. Ortsnamen wie Föhleritz und Mebritz wären ein Indiz dafür, obwohl jene Namen mit größerer Wahrscheinlichkeit von „Folkradis" und „Ebenets" abgeleitet sind. [7] Orte wie Hartschwinden oder Rüdenschwinden verweisen auf Wenden, die hier durch deutsche Herren zwangsangesiedelt wurden.

Da es zu jener Zeit noch keine Zeitungen, kein Radio und Internet gab, treten Orts- und Gebietsnamen meist im Zusammenhang mit Kauf-, Schenkungs- oder Tauschurkunden zutage. So findet man erste Nennungen von Mittelsdorf (*Mitilesdorf*) im Jahre 778, Diedorf (*Theodorpf*) 788, Sundheim, Westheim, Nordheim, Weid (*Weitahu*) und Wiesenthal (*Wisuntaha*) 795, Urnshausen (*Orentileshus*) und Fischbach (*Fiscpah*) 837, Klings (*Clingison*) 869, Neidhartshausen (*Ithhardeshusun*) um 950, Öchsen (*Uhsino*) 977, Lengsfeld (*Lengisfelt*) 1137, Alba (*Albaha*, Unter- und Oberalba gab es noch nicht) und Weilar (*Wilere*) 1183 (um 1498 gab es noch ein Obernweilar, das westlich von Hartschwinden lag), Dermbach, Brunnhartshausen (*Brumanshusen*) 1186 etc.[17] Geschrieben hat man in der Regel so wie man die

Keltische Worte sind noch heute in unserer Sprache zu finden, z. B.:

aballa – Apfel
banna, benna – Berg
bebro, bibros – Biber
bratir, brathair – Bruder
briwa – Brücke
tri – drei
isarno – Eisen
runo – Geheimnis (vgl. raunen)
sakro – heilig
karro – Karren o. Karre
letro – Leder
mori – Meer o. See
roudo – rot
sukko – Schwein (vgl. sucken)
windo – weiß

Namen hörte und so wie man gerade sprach. Das bringt uns noch heute ins Grübeln!

Im 10. - 12. Jahrhundert breitete die Kirche ihren Machtbereich in der Region aus. Das Stift Fulda schuf sich besonders reichen Besitz, auch über ihre vielen klösterlichen Dependancen. Anfangs hielt die Macht weltlicher Herren dem „geistlichen Besitz" die Waage. Die alten Gaue hatten sich in der Mitte des 11. Jahrhundert aufgelöst, die Gaugrafen und anderen Edlen waren zu Herrschern größerer und kleinerer Gebiete geworden.

Die „Hundertschaft", die „Cent", war ein Instrument der veränderten politischen Verhältnisse. Die Herrschenden besetzten über die Centen ihre Amtsleute (Centgrafen[2]). Letztere gingen aus verschiedenen Rittergeschlechtern hervor. In dieser Zeit waren die Herren von Neidhartshausen die mächtigsten an der mittleren Felda. Erpho von Neidhartshausen war der Gründer des Klosters Zella (1136). Ihre Macht schwand jedoch langsam. Die Frankensteiner, eine Nebenlinie der Henneberger, kauften 1214 den Centbezirk Dermbach.

Die Frankensteiner haben in Lengsfeld – wo man im 12. Jahrhundert die Edlen von Lengsfeld als Hersfelder Ministerialen findet – von Fulda das Schloss zu Lehen (vergleiche Abb. 3) und besitzen die Cent von Dermbach. Letztere reicht von Urnshausen bis Fischbach, nebst Gütern in Vackenrode (Kaiseroda), Zillbach, den Wildbann bei Fischbach, Geisa und Brotterode. Doch deren Macht verblasste noch schneller als sie sie er-

---

[2] Der Centenarius ist in den in lateinischer Sprache verfassten germanischen Stammesrechten der Stellvertreter eines Grafen. Sein Gerichtsbezirk, die Centena (vergleiche schweizerische *Kanton*), ist ein Teil eines Gaues. Die Centena hieß auf Deutsch ursprünglich *Huntari*, der Centenarius daher ursprünglich *Hunne*.

langt haben, nachdem sie sich gegen König Adolf von Nassau (~1250 - 1298) in den thüringischen Kämpfen stellten.

Im Jahr 1317 sowie 1326 verkauften sie sowohl Burg und „Stadt Lengsfeld" als auch das Gericht *Theyrembach* (Dermbach) an Fulda (mit Dermbach, Ober- und Unteralba, Urnshausen, Föhleritz, Neiddhartshausen, Zella, Empfertshausen, Brunnhartshausen, Andenhausen, Klings, Diedorf, Fischbach, Mebritz, Glattbach, Lindenau, Steinberg). Offensichtlich gab es schon zu diesem Zeitpunkt die Stadt Lengsfeld! Es ist sogar ein Siegel der Stadt Lengsfeld von 1338 erhalten geblieben. [20] Der große Teil von Recht und Besitz der Frankensteiner ging an die Hauptlinie der Henneberger, die ihre Stammburg südlich von

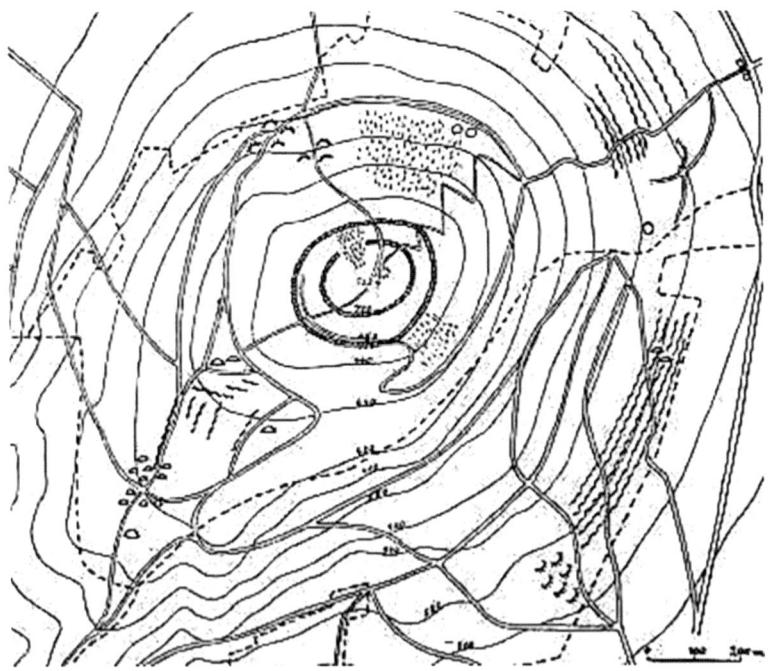

Abbildung 2: Vorgeschichtliche Wall- und Grabanlagen rund um den Baier; Quelle: [14]

Meiningen hatte. Ihr Geschlecht geht auf die Gaugrafen des Grabfeldes zurück (<10. Jahrhundert). Zugleich fällt das südliche Tullifeld mit der Cent Kaltensundheim sowie der Vogtei Kaltennordheim in ihren Machtbereich, der um 1583 zerfiel. Bereits 1317 gaben sie die Gerichtsbarkeit der Region an Fulda ab. Graf Heinrich VI. von Henneberg-Aschach verschenkte am 14. Juli 1317 sein Vogteirecht zu Lengsfeld *ad novam plantacionem canonie in Slusungen*.

In der Folge kam es zu einem beinahe chaotischen Wechsel von Besitzständen, meist die Folge von Verpfändungen oder Fehden. Ein Pilger beim Papst äußerte in jener Zeit, dass „ganz

Abbildung 3: Burg zu Lengsfeld, um 1800; ursprünglich Wasserburg inmitten der Stadt; Bau wurde um 1125 durch die Reichsabtei Hersfeld zum Schutz ihrer Besitzungen veranlasst und mit Herren von Frankenstein besetzt; um 1300 durch die Reichsabtei Fulda erworben; von 1523 bis ca. 1900 im Besitz der Familie von Boineburg, die die Burg 1790 und Anfang des 19. Jahrhundert umgestalteten sowie die Gräben zuschütten ließen; seit 1945 bis dato Nutzung der Burg als Kurklinik; Quelle: Archiv, R. Schlegel. 2013

Deutschland einem Räubernest gleicht und nur jene Ruhm und Ansehen genießen, die ausreichend Gold besitzen". Im Jahr 1366 verkaufte Fulda Teillehen an Balthasar von Thüringen. Der verpfändete sie 1409 an das Erzstift Mainz, das sie 1423 an Würzburg verkauft. Teile des Besitzes gingen später durch Berthold von Henneberg-Römhild an seine Schwäger, die Grafen von Mansfeld über. 1555 wurden sie an die Söhne des Johann Friedrich des Grossmüthigen verkauft, wurden also sächsisch. So kamen auch die Vogtei Kaltennordheim und das Gebiet um Dermbach 1583 an sächsische Herzöge.

Aus Geldnöten verpfändete Fulda andere Teile des Amtes an die Herren von Steinau, von der Thann, von Buchenau, an Mainz und den Landgrafen von Hessen. 1454 erwarb Philipp von Herda und seine Frau Else, von seinem Onkel, Abt Reinhard von Fulda, die Hälfte des Amtes, Schloss und Stadt Lengsfeld für 500 Rheinische Gulden. Nach Philipps Tode folgte sein Sohn Raban im Besitz dieses Amts, welcher nur eine Tochter Mechthilde hinterließ.

1455 wurde nahezu die Hälfte des Amtes an den Grafen Georg der I. von Henneberg-Römhild und des Vetter, Graf Wilhelm der III. von Henneberg-Schleusingen versetzt. Durch weitere Käufe und Verkäufe kam schließlich die andere Hälfte des Amtes an die Herren von Hennberg-Schleusingen. Ihnen unterstand nunmehr das Amt Fischberg, allerdings ohne Pfandrecht, das bei Fulda verblieb. Nach 1523 entfremdeten die Herren von Boyneburg die ihnen verpfändete Stadt der Abtei und machten sie zum Sitz einer seit 1701 endgültig von Fulda getrennten, reichsunmittelbaren Herrschaft.

Reformation

Unter diesen Herrschaftsverhältnissen wurde um 1520 die kirchliche Reformation eingeleitet, in deren Folge das Kloster Zella aufgehoben wurde. In Lengsfeld wurde bereits 1536 ein evangelischer Pfarrer erwähnt, nachdem die boineburger Herrschaft bereits 1525 evangelische Gottesdienste gestattete. Schon seit 1546 gab es eine starke Wiedertäufer-Bewegung in der Gegend. Der Anführer wurde in Gotha enthauptet. Die israelitische Kultusgemeinde ist Ende des 16. Jahrhundert in Lengsfeld entstanden.

Fulda versuchte zwischenzeitlich, wieder alte Rechte zu erlangen, doch die hennebergisch-sächsischen Herren (Zeitz, Altenburg, Weimar, Gotha) verhinderten das bis nach dem 30jährigen Krieg.

Die Verwüstungen von Isolanis kroatischen Reitern nach der Schlacht von Nördlingen (6. September 1634) waren grauenhaft. Danach kamen Hunger und die Pest. Der neuernannte Pfarrer von Lengsfeld fand noch 18 Familien vor! Gleich einem trüben Nachspiel muten die danach wieder auflebenden Hexenprozesse an, die mit traurigem Eifer betrieben wurden (vergleiche separate Beiträge).

Bis 1660 führten sächsische Herzöge die Verwaltung des hennebergischen Erbes. Danach wurde geteilt: Weimar erhielt Kaltennordheim und

Abbildung 4: Wappen der von Boineburg, Althessische Ritterschaft; Quelle: [15]

Zillbach. Das Amt Fischbach blieb gemeinschaftlich. Fulda bestand auf ein gerüttelt Maß seines Besitzes. Nach langem Tauziehen traten 1707 die inzwischen neu entstandene Herzogtümer Meiningen und Eisenach das evangelische Amt Fischberg (Fischbach) gegen eine entsprechende Pfandsumme an Fulda ab. Entgegen Zusicherungen gegenüber der reformierten Geistlichkeit, begann sofort eine eifrige katholische Gegenreformation mit Kirchenbauten in Zella und Dermbach.

Der Machtkampf zwischen Fulda und den Hennebergern tobte auch im Kleinen, d.h. in Lengsfeld. Er gipfelte in einem Vergleich von 1574. Das Lehnsrecht der Henneberger auf Weilar wurde von den sächsischen Nachfolgern abgelöst. Den frankensteiner Besitz hat Fulda übernommen. Die Fuldaer Amtsleute hatten Schloss, Stadt und Gericht in Verwaltung. Die von Reckerod, von Leupold, von Mansbach, von Herda und der Schwiegersohn einer von Herda, Ludwig von Boineburg zu Gerstungen & Krayenberg (1465 - 1537) vereinigten schrittweise die Güter von Weilar und Gehaus mit denen von Lengsfeld (vergleiche Abb. 4). 1498 erwarb Ludwig die Hälfte aller Pfandschaften, die andere Hälfte wurde ihm durch die Fuldaer in Aussicht gestellt. Neider wie der Abt Balthasar von Dermbach klagten natürlich sofort gegen diese Anmaßungen. In Verträgen von 1594, 1685 und 1712 wurden die Besitzverhältnisse geordnet. Die Boyneburger erhielten das Erbrecht. Sie schlossen sich dem Kanton Rhön-Werra der Reichsritterschaft an, ein Bund gegen die Reichsfürsten. Doch schon 1694 verkaufte Christian von Boineburg

Abbildung 5: Zeitgenössische Karte mit dem Gerichtsbezirk Lengsfeld, einschließlich Stadtlengsfeld, Schrammenhof, Baiershof, Hohewart, Altenrode (Altes Rod), Fischbach, Mariengart, Wölferbütt, Kohlgraben, Willmanns, Völkershausen, Gehaus und Weilar mit Papiermühle (Unterwyler und Oberwyler), vor 1700; Quelle: Archiv, R. Schlegel, 2013

wieder seinen Anteil an den Abt Placidus von Fulda, was zu kriegerischen Auseinandersetzungen und schließlich zur Annullierung des Verkaufs führte. Der gleiche Besitz wurde dann 1735 regulär an den Freiherrn Georg Heinrich von Müller (1694 - 1750) veräußert.

Nicht sehr lange währte der Friede. Durch das Aussterben der Eisenacher Herzöge fiel das Fürstentum 1747 an Weimar. Weimar hatte schon früher den fuldaischen Rückkauf hintertrieben. Ernst August von Sachsen-Weimar-Eisenach machte kurzen Prozess und übernahm gewaltsam, d. h. nach fuldaisch-weimarisch militärischen Scharmützeln, den Besitz. Es kam zu unsäglichen Querelen. 1764 einigte man sich unter Anna Amalia von Weimar, dass Weimar die Dörfer rechts der Felda (Urnshausen, Wiesenthal, Fischbach) erhielt, die dem Amt Kaltennordheim zugeteilt wurden. Die übrigen Dörfer verblieben bei Fulda.

Um das Jahr 1800 gehörte das Amt Lichtenberg und das Amt Kaltennordheim mit Urnshausen, Wiesenthal, Fischbach sowie Zillbach zum Herzogtum Sachsen-Weimar-Eisenach; das Amt Fischberg (Dermbach) zu Fulda und Lengsfeld mit Gehaus und Weilar zwei reichsfreien Familien (v. Müller und v. Boineburg).

Napoleon

Die napoleonische Zeit brachte erneut große Änderungen. 1803 wurde die Herrschaft von Hessen mediatisiert, d. h. Fulda verlor seine weltlichen Besitzungen. Diese gingen zusammen mit dem Amt Fischberg (Distrikt Dermbach) an das Großherzogtum Frankfurt, aber das Amt Dermbach (inkl. Wiesenthal, Fischbach, Urnshausen) 1815 wieder an Sachsen-Weimar. 1818 wurde die Klöster Dermbach und Zelle aufgelöst. In der Rheinbundakte von 1806 wurde die „teutsche Reichsverfassung" aufgelöst. Die Selbständigkeit der Lengsfelder Herren ging verloren, da Reichsritterschaft (Regierungsform aus dem Mittelalter) und der Kanton Rhön-Werra für nichtig erklärt wurden.

Lengsfeld gehörte ab 1805 zum Kurfürstentum Hessen-Kassel. 1807 wurde es dem Königsreich Westfalen zugeschlagen, ein Jahr später fand es sich im Großherzogtum Frankfurt und 1812 erneut im Kurfürstentum Hessen-Kassel wieder. 1813 gehörte es mit der Enklave Fulda zum Königreich Preußen. Und 1815 erhielt es der Großherzog von Sachsen-Weimar-Eisenach. (vergleiche Abb. 5)

Staatshandbuch für das Großherzogthum Sachsen-Weimar-Eisenach von 1846 wiese folgende Positionen aus [26]: Der Kanton Rhön-Werra umfasste um 1840 eine Stadt (Lengsfeld, Abb. 6) und drei Kirchdörfer (Weilar, Öchsen, Gehaus), Dörfer (Hohenwart, Fischbach am Baier) sowie Weiler und Einzelhöfe (Baiershof, Schwanenhof & Papiermühle, Altenroth = Altenrode), hatte 4.668 Einwohner mit 616 Wohnhäusern und eine Fläche von 1,51 Quadratmeilen. Die Lage wurde folgendermaßen fixiert: 948,3 Höhe über der Nordsee in Pariser Fußen, gemessen in Weilar, ¼ Meile südöstlich von Lengsfeld, im Hausflur des Gasthofes; Länge der Felda von Quelle auf der hohen Rhön bis Lengsfeld 13,9 km. Die boyneburgisch-müllerische Einteilung war: 3 Gemeindebezirke, bestehend aus 1 Stadt, 2 Amtsdörfern mit 7 Rittergütern, 4 Rittergutsvorwerken, 2 Höfen, 2 Weilern, 9 Mahl-, 1 Papier- und 2 Schneidemühlen plus Partimonial-Gemeinde Baiershof mit 1 Rittergutsvorwerk + 1 Hof m. 16 Einwohnern, 3 Wohnhäusern) plus Rittergutsvorwerk: Schrammenhof mit 5 Einwohnern und 1 Wohnhaus, 1 Krankenhaus (1869).

Abbildung 6: Kirchturm Lengsfeld um 1840, Ostseite; Quelle: [15]

Viehbestand: 58 Pferde, 215 Rinder, 1259 Schafe, 110 Schweine, 170 Ziegen, 49 Bst. = Geb. 860.625 M.

Sonstiges: 7 Jahrmärkte [22], 2 Viehmärkte, 1 Superintendentur, 1 Land-Rabbinat, 1 Erblehen-Rittergut, 3 andere Erblehen-Rittergüter (Burg, Oberes Haus, Rotes Haus), 1 Apotheke, 1 Post-Expedition, 1 Schneide- u. 6 Mahlmühlen, 1 Wollkamm-Fabrik (Flanell-Produktion).

Beamte: Patrimonial-Amtmann: Wilhelm Zwez, Aktuar: Carl August Scheffer, Kopist und Sportelneinnehmer: Georg Heinrich Bittorf, Außerordentlicher Amts-Physikus: Dr. med. Wilhelm Hofmann, Amts-Chirurg: Johannes Handschuhmacher, Amtsdiener: Joseph Mohr. 1 Steuereinnehmer (N. N. Wolz, Vacha) f. die Ämter Lengsfeld, Frauensee, Vacha, Völkershausen etc.

Stadtrath: Bürgermeister: August Märcker, Conrad Müller, Rathmitglieder: Johannes Vogel, Conrad Jost, Johann Tobias Creutzberger, Ludwig Göppel, Stadtschreiber: Johann Michael Hossfeld, Stadtkämmerer: Nicolaus Müller (auch Steuereinnehmer), Verantwortlicher d. Landesregierung zu Eisenach f. Stadtlengsfeld: Carl Solbrig.

Diözese Lengsfeld: 3 Parochien in 3 Kirchen u. 4 Schulen, mit 3 Geistlichen, 4 Schullehrern u. 682 Schulkindern (330 Knaben, 352 Mädchen); sämtliche Pfarr- und Schulstellen sind Patrimonial-Stellen sind Diözesan (f. Lengsfeld incl. Vorwerken Baiershof, Schneidemühle u. Schrammenhof): Dr. phil. Christian Schreiber (vergleiche Lengsfelder Geschichten IX), Superintendent und Oberpfarrer, kurhessischer Kirchenrath Pfarrer und 2. Diakonus zu Lengsfeld: Wilhelm Friederici, Pfarrer zu Weilar u. 1. Diakonus zu Lengsfeld: Heinrich Schulze, Kantor u. Knabenlehrer: Johann Georg Trümpert, Organist u. Mädchenlehrer: Johannes Wagner, Kirchen-Senior: Johann Vogel, Kirchendiener: Wilhelm Schlechtweg. L andrabbiner: Dr. phil. Mendel Hess, 1 Schule und 1 Synagoge, Lehrer: 1. Sebastian Frickmann, 2. Hirsch Joel Löwenheim (auch Vorbeter in der Synagoge). [26]

Ihr Gebiet ging nn raschem Wechsel an Hessen-Cassel, Weimar, Königreich Westphalen, Großherzogtum Frankfurt, an Preußen und Schließlich 1816 an das Großherzogtum Weimar-Eisenach. Lengsfeld wurde boyneburgisches Patrimonialamt. Nach Aufhebung der Patrimonialgerichtsbarkeit von 1849 ging es an den Verwaltungsbezirk Dermbach über. Der Stadtrat hatte bei allen Wechseln nur wenige Befugnisse.

Abbildung 7: Zeitgenössische Karte mit den Amtsbezirken Vacha, Geisa, Stadtlengsfeld, Kaltennordheim und Ostheim, um 1900 [25]

Eine weitere Neuaufteilung erfuhr die Region 1879 (vergleiche Abb. 7). Das Justizamt Dermbach endete. Das neue Amt Kaltennordheim erhielt die umliegenden Dörfer, während das Amt Lengsfeld die Orte Dermbach, Ober- und Unteralba, Urnshausen, Wiesenthal, Mebritz und Glattbach zugeschlagen bekam. So blieb das Amt Lengsfeld bis November 1918 beim Großherzogtum Sachsen-Weimar-Eisenach. Für die Rechtspflege bestehen (1910) innerhalb des Staatsgebietes zwei Landgerichte und 19 Amtsgerichte, darunter das Landgericht Eisenach mit den Amtsgerichten: Eisenach, Geisa, Gerstungen, Ilmenau, Kaltennordheim, Ostheim (Rhön), Stadtlengsfeld und Vacha. Die evangelische Landeskirche umfasste 500 Kirchgemeinden und 22 Diözesen. Die 14 katholischen Parochien (Gemeinden) mit 19 geistlichen Stellen ein zum Bischof von Fulda gehöriges Dekanat. Die sechs im Eisenacher Kreis vorhandenen jüdischen Gemeinden stehen unter einem Landrabbinat in Stadtlengsfeld.

Mit dem Sturz im Gefolge der revolutionären Ereignisse des November 1918 – zwischen dem 9. und 25. des Monats – dankten alle thüringischen Landesfürsten ab. „Die Länder Sachsen-Weimar-Eisenach, Sachsen-Meiningen, Reuß, Sachsen-Altenburg, Sachsen-Gotha ohne das Gebiet von Coburg, Schwarzburg-Rudolstadt und Schwarzburg-Sondershausen werden mit Wirkung vom 1. Mai 1920 zu einem Lande Thüringen vereinigt". Mit der durch Reichsgesetz vom 30. April 1920 realisierten Bildung des Landes Thüringen gelangte ein windungsreicher Prozess an seinen Höhepunkt.

Da indes Länderneubildungen gemäß Artikel 18 der Weimarer Reichsverfassung durch ein Reichsgesetz erfolgen mussten, bedurfte es zur endgültigen Konstituierung des Landes einer entsprechenden Beschlussfassung der Deutschen Nationalversammlung. Nachdem dieselbe am 23. April 1920 einstimmig erfolgt und das „Gesetz, betreffend das Land Thüringen" am 30. des Monats ordnungsgemäß ausgefertigt worden war, trat die Vereinigung der sieben Kleinstaaten zum Land Thüringen mit Wirkung vom 1. Mai 1920 in Kraft. 70 Jahre vor der Bildung des heutigen Landes Thüringen war damit die erste Landesgründung vollzogen

Weimarer Republik

Auch in Thüringen war die Zeit der Weimarer Republik von politischen Wirren geprägt. Im Oktober 1923 bildeten die Sozialdemokraten unter August Frölich eine Regierung zusammen mit der KPD. Jedoch zerbrach die „Arbeiterregierung" wenig später nach dem Einmarsch der Reichswehr infolge großer politischer Differenzen.

Nach der Machtergreifung der NSDAP unter Adolf Hitler Anfang 1933 erfolgte die Gleichschaltung der Länder. Durch das „Gesetz über den Neuaufbau des Reichs" vom 30. Januar 1934 verlor Thüringen seine Eigenstaatlichkeit. Die Landeshauptstadt Weimar wurde zur Gauhauptstadt ausgebaut, das sog. „Gauforum Weimar" existiert noch heute.

Der Landkreis Eisenach wurde 1. Oktober 1922 gegründet und bestand bis zur Verwaltungsreform in der DDR 25. Juli 1952. Heute hat der „Wartburgkreis" einen ähnlichen Gebietszuschnitt wie der alte Landkreis Eisenach. Von 1850 bis 1922 hatte bereits in Sachsen-Weimar-Eisenach der Verwaltungsbezirk Eisenach existiert. Nach dem Ende des Zweiten Weltkrieges wurde die zum Kreis gehörende Exklave Ostheim vor der Rhön an Bayern abgetreten. Am 15. Juni 1945 vereinbarten die US-Militärkommandanten von Meiningen und Bad Neustadt/Saale, dass die besetzte Stadt Ostheim administrativ bei Bad Neustadt verbleiben solle. Das Land Thüringen nahm 1947 diese Preisgabe Ostheims hin, ohne offiziell auf die Stadt zu verzichten.

Nach 1945

Im Zuge einer ersten Gebietsreform in der DDR am 1. Juli 1950 wurde aus Teilen der Landkreise Eisenach (im Westen, das frühere Eisenacher Oberland) und Meiningen (im Osten, die Stadt Bad Salzungen und Umgebung) gebildet; er bestand damit schon vor der Verwaltungsreform von 1952. Der östliche

Teil gehörte früher über Jahrhunderte zu Sachsen-Meiningen, der westliche zu Sachsen-Eisenach bzw. Sachsen-Weimar-Eisenach. Hinzu kam außerdem die Enklave Barchfeld der Herrschaft Schmalkalden. Mit dem Dekanat Geisa befand sich im Westen des Kreises eine der wenigen katholischen Gegenden der DDR. Politisch gehörte der Kreis bis 1990 zum Bezirk Suhl, ab 1990 wieder zu Thüringen. Am 17. Mai 1990 wurde der Kreis in Landkreis Bad Salzungen umbenannt. Am 1. Juli 1994 wurde aus dem Landkreis Eisenach, dem Landkreis Bad Salzungen sowie einigen Gemeinden des Landkreises Langensalza der Wartburgkreis mit Eisenach und Bad Salzungen als Kreisstädte gebildet.

Vermutlich wird das nicht der letzte Strukturwandel in der mehr als tausendjährigen Geschichte der Rhön und Stadtlengsfelds sein. Menschen mögen offensichtlich die Abwechslung!

Der Hexerei angeklagt...

Rolf Leimbach

Am 6. April 1663 wurden Osanna Ackermann, Christine Mäurer, Margaretha Hosfeld und Cyriac Mäurer der Zauberei, Hexerei und Giftmischerei angeklagt. Alle wohnten im Dorf Weilar. Der Prozess wurde ihnen in der Stadt Lengsfeld gemacht. Hier war der Gerichtssitz. Gerichtsherren waren die Reichsritter von Boineburg-Lengsfeld. Beim ersten Verdacht ordneten sie die Verhaftung und die üblichen Verhöre an.

„Centgrafen" führten in ihrem Dienst die weiteren Untersuchungen und Befragungen durch. Sie sprachen nicht das endliche Urteil. Letzteres wurde vom „Schöppenstuhl" in Jena im Mai, Juli und August desselben Jahres bestätigt. So wurden Osanna Ackermann und Cyriak Mäurer „mit dem Feuer vom Leben zum Tod gebracht".

Wie kam es dazu?

Im Falle von Osanna Ackermann verhalf ein Junge von 18 Jahren, Matthias Haussmann, zum Ausgangspunkt der Tragödie. Er war Dienstjunge bei dem alten Weilarer Schafmeister Hanß Burgkmann. Eines Tages erzählt Matthias seinem Herrn, dass ihm die Frau des Schulmeisters Kurt Ackermann, Osanna, merkwürdige Angebote gemacht habe. Die folgenden Faseleien tat er kund:

- Er solle den Sohn des Schafmeisters, Ludwig, *„dem sie gar feind war"*, mit einem Pulver vergiften.
- *„Sie wollte ihm* (Matthias Haussmann) *wohl etwas gutes lernen, auch eine feine reiche Jungfer freyen, wenn er ihr gehorchen würde."*
- Er solle doch mit zu einem Tanz kommen *„oben auf dem Creutzwege, wo man nach Saltzungen gehet."* Zuvor sollte er sich mit einer

Salbe einschmieren. Dann würde sie auf einer Gabel, er aber auf einem Besen zum Tanzplatz fahren. Hanß Mäurer, seine Frau Christina, die Frau von Andreß Armisch, alle aus Weilar, der „Ketten-Hans" aus dem Amt Fischbach und Leute aus Salzungen kämen auch dorthin. Dort gibt es Wein aus goldenen Bechern, Musik und Tanz.
- Sie würde ihn lehren, wie man Flöhe und Läuse macht etc...

Er, Matthias, habe aber nichts von dem, was Osanna verlangte, getan: *„Nein, hatte sich befurcht, er mögte verbrand werden. Er wolle christlich leben und selig sterben."* Der Schäfer begab sich nun gottesfürchtig zum Weilarer Pfarrer, Daniel Pfnör, um sich Rat zu erbitten. Dieser informierte allerdings die *„Gerichts Jungker die von Boyneburgk zue Lengsfeld"*. Ein Unheil nahm so seinen Lauf. Osanna Ackermann wurde *„in gefengliche haft gebracht"* (vergleiche Abb. 1). In Lengsfeld war die Haftzelle sehr wahrscheinlich eine „Landsknechtstube". Es ist nicht eindeutig belegt, wo sie sich befand. Aus anderen Hexenprotokollen lässt sich ableiten, dass diese sich in der alten Burg befun-

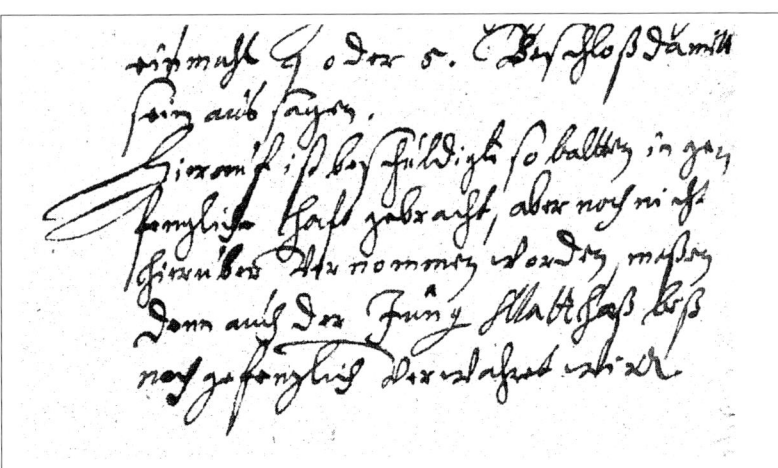

Abbildung 1: Faksimile eines Ausschnittes aus dem Verhörprotokoll des Gerichtsschreibers Johann Philip Thon: *„Hiermit ist beschuldigte so baltten in gefengliche haft gebracht, aber noch nicht hierüber vernommen worden, maßen denn auch der Jung Matthias biß noch gefenglich verwahret wird"*

den hat.

Im Beisein des „Gerichtsschöppen" Jörg Preis, des Gerichtsschreibers Johann Philip Thon und einem Landsknecht als Wache kam es am 8. April 1663 zum „gütlichen" Verhör, was alles andere als gütlich war. Damals hatten die Menschen von „Milde" und „Gerechtigkeit" ganz andere Vorstellungen. Der Centgraf, Johann Caspar (?) präsentierte 56 Fragen an Osanna (vergleiche Abb.1):

„Art. 22. Wahr daß auch dazumahl ein Kerl in einer schwartzen Kleidung, Stiefeln und Sporen, degen auf der seiten, einen hut mit federn auf dem kopf in ihren Küchen auf einem stul bey dem Tisch geseßen."

„Art. 24. Wahr daß solcher gesell so bey dem Tische geseßen niemand anders als der Teufell soltes geweßen."

„Art. 31./32. Wahr daß sie einmahl dem Jungen gesagt wo solche ihre zusammenkunft und Tantz seyen nemblich oben auf dem Creutzwege wenn man nach Saltzungen geht."

„Art. 33. Wie denn wahr, daß Sie den Jungen auch berichtet wie man sich mit einer Salbe schmiren müsten wenn man auf den Tantz fahren wollte." (vergleiche Abb. 2)

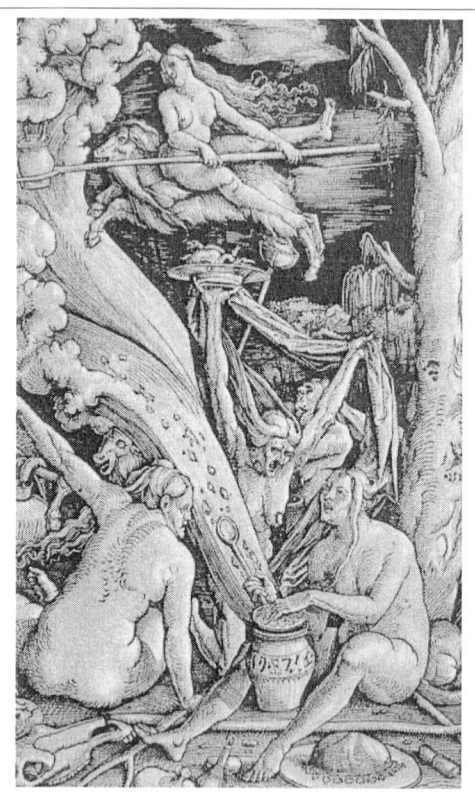

Abbildung 2: Hexen beim Brauen von Salben, Handzeichnung von Filippino Lippi, 1457

„Art. 34. Wahr, daß Sie gesagt, sie wollte auf einer gabel, der Junge aber auf einen besen fahren."
„Art. 36. Wahr, daß Sie ihm auch gesagt wie solche gemacht würden, man müßte nemblich auf einen Creutzweg gehen, alda mit einem besen kehren und immer vor sich hintreiben, alß wenn man eine herde Schaafe treibe, so gebe es dann läuse und flöhe."

Osanna verneint alle diese Fragen mit Entschiedenheit. Alle! Nun schrieb das Procedere vor, die Zeugen zu vereidigen und die Inquisitin den vereidigten Zeugen gegenüberzustellen. So spricht z. B. Matthias Haussmann folgenden Eid:

„Ich schwore Einen Eid zu Gott und seinem heiligen Evangelio,

Abbildung 3: Zeitgenössische Darstellung der Hexen-Folter; Quelle: Künstler unbekannt

daß alles daßjenige, waß ich mit im beschultigter hexerey sagen g. (gegen – R.L.) Osanna Ackermann befragt werden, ich auch darauf geantwortet, die Tahte, reine, unverfälschte warheit, und keinesweges auß haß oder neid, *feind: oder feindschaft sonders allein zu beförderung der warheit geschehen seyen So war mir Gott helf durch Christus Jesus Amen"*

Die Gegenüberstellung führt zu nichts. Wieder bestreitet Osanna im Beisein des Jungen alle Verdächtigungen, während Matthias bei seinen Beschuldigungen bleibt. Der Gerichtsschreiber notiert fortwährend:

„Der Junge aber sagt ihr abermahls ins gesicht, daß sie solches gethan...bleibt der Jung doch darbey und sagt es ihr öffentlich ... der Junge aber sagt ihr es ins gesicht, es were wahr ... der Junge bleibt darbey ..."

Osanna wird nun peinlich verhört. Auf Geheiß des Schöppenstuhls in Jena wird die Befragung unter der Folter angewiesen:

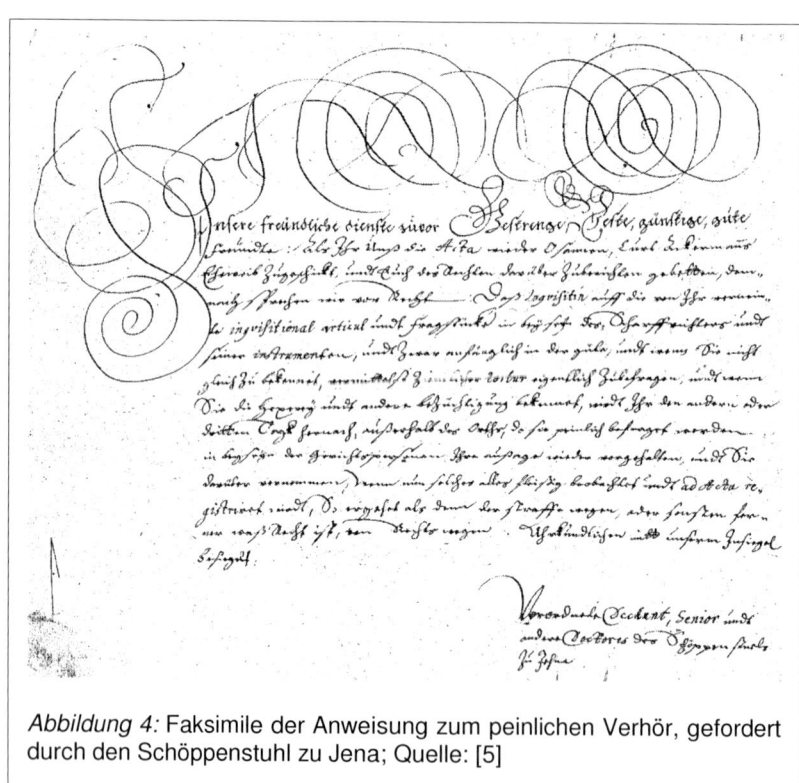

Abbildung 4: Faksimile der Anweisung zum peinlichen Verhör, gefordert durch den Schöppenstuhl zu Jena; Quelle: [5]

„Unsere freundliche dienst zuvor Gestrenge, Beste, Günstige, gute Freunde: Als Ihr Uns die Acta wieder Osannen, Curt Ackermanns Eheweib zugeschickt, und Euch der Rechten darüber zu berichten gebetten, demnach sprechen wir vor Recht:

Daß Inquisitin auff die von Ihr voreeinte inquisitional articul undt fragestücke in bey seyn des Scharfrichters undt seiner Instrumenten, undt zwar anfänglich in der güte, undt wenn sie nicht gleich zu bekennet, vermittelst ziemlicher Tortur eigentlich zu befragen, undt wenn Sie die Hexerey und andere bezüchtigung bekennet, wird Ihr den andern oder dritten Tag hernach, außerhalb der orthe, da Sie peinlich befraget worden, in bey seyn der Gerichtspersonen Ihre außagen wieder vorgehalten, undt Sie darüber vernommen, wenn nun solches alles fleißig beobachtet und ad Acta registriret wird, So ergehet als denn der straffe wegen, oder sonsten ferner waß Recht ist, von Rechts wegen. Uhrkundlichen mitt unserm Insiegel besiegelt. Verordnete Dechant, Senior undt andere Doctoris des Schöppen stuls zu Jehna" (vergleiche Abb. 4)

Das peinliche Verhör (vergleiche Abb. 3) beginnt im Beisein des Scharfrichters mit all seinen „Instrumenten", indem die Fragen wiederholt verlesen werden. Gesteht die Delinquentin nicht, wird der Scharfrichter durch den Centgrafen aufgefordert, sein Werk zu beginnen. Der Scharfrichter beginnt mit „milderer Tortur" und wenn sie immer noch leugnet, steigert er die Schmerzen bis zur Entsetzlichkeit. Schon ab der zehnten Frage gibt Osanna Dinge zu, die niemals geschehen waren. Sie war beinahe wahnsinnig vor Pein:

- Der Teufel wäre ihr vor einem Jahr auf einer Hochzeit in Weilar in Menschengestalt erschienen. Er hieße Hans und begehrte sie zur Frau.
- Der Teufel verlangte von ihr, sie solle Ludwig BURGKMANN umbringen. Er würde ihr das Hexenwerk beibringen. Der Teufel gab ihr das Pulver, mit dem sie Ludwig vergiften soll.
- Der Teufel hatte verlangt, dass sie Gott und Jesus Christus abschwören soll. Er hatte sie im Stall getauft.
- Zur Belohnung hatte der Teufel ihr einen Taler geschenkt.
- Einmal hätte er bei ihr im Stall geschlafen.
- Aber nun will sie sich vom Teufel lösen und ihre Versprechungen ihm gegenüber nicht halten.

Der Scharfrichter hatte ganze Arbeit geleistet. Ab der 36. Frage macht sich der beisitzende Schreiber nicht mehr die Arbeit, Einzelgeständnisse zu notieren. Er schreibt einfach:

„Hat alhes wieder gestanden." und „hat auch gemeldet ihr buhl (der Teufel) hatte bey ihr in der tortur aufm haupt gesßen, im Zopf – nach abschneidung der haaren aber wer er von ihr gewichen. Wiewohl er ihr versprochen sie soltte nichts bekennen, er wolt bey ihr halten, aber ehro hatte solches nicht gehalten."

Danach wurdse wieder in die „Hexenstube" gebracht. In den Akten des Hessischen Staatsarchives Marburg zu den Hexenprozessen in der Stadt Lengsfeld konnten keine weiteren Do-

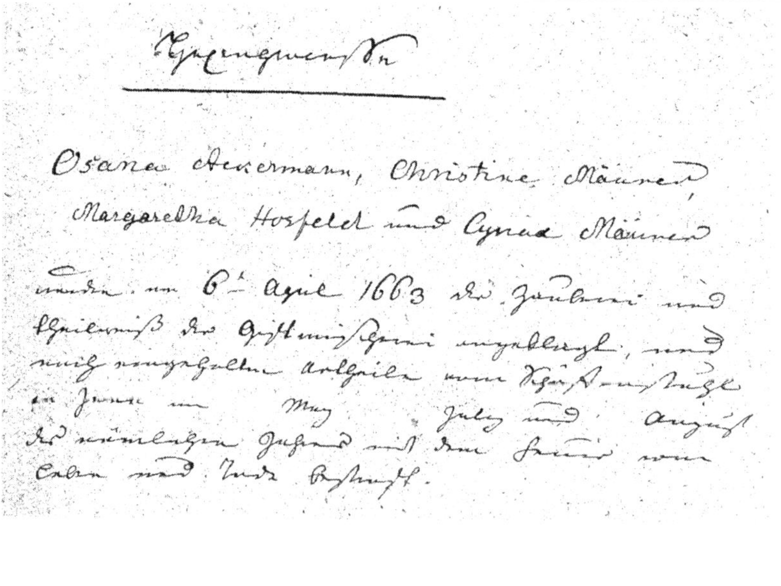

Abbildung 5: Faksimile des Aktenvermerks über die Hinrichtung von O. Ackermann, C. Mäurer, M. Hosfeld und C. Mäurer: *„Osana Ackermann, Christine Mäurer, Margaretha Hosfeld und Cyriac Mäurer wurden am 6. ... 1663 der Zauberei und ... der Giftmischerei angeklagt, und nach eingeholten Urtheile Schöptenstuhl in Jena im May, Juli und August des nämlichen Jahres mit dem Feuer vom Leben und Todt gestraft."*

kumente zu ihrer Hinrichtung gefunden werden. Es gibt lediglich einen Aktenvermerk (vergleiche Abb. 5).

Anna Schmidt – die Hexe

Rolf Leimbach & Rolf Schlegel

Intrigen

Anna Schmidt wurde der Prozess gemacht, um herauszufinden, ob sie denn wirklich eine Hexe war. Dieser Prozess erstreckte sich über 21 Jahre (1675 - 1696), wenn man den Akten glauben darf. [5]

Angeblich sind ja Hexen einen Pakt mit dem Teufel eingegangen. Es war die christliche Kirche, die daraufhin die Inquisition betrieb und sich stets sowohl auf Bibelstellen, insbesondere auf das Neue Testament, als auch auf Kirchenväter in mittelalterlicher Interpretation, darunter auch auf Augustinus von Hippo (354 - 430), der die Auffassung vertrat, dass Ketzer mit Gewalt in den Schoß der Kirche zurückgeführt werden könnten und sollten.

Erst 1908 wurde die „Römische Inquisition" als Organ des Vatikans von Pius X. umbenannt in *Sacra congregatio Romanae et universalis Inquisitionis seu Sancti Officii* oder kurz *Sanctum Officium*. Dennoch gibt es bis dato ein Bibelkommission, die sich derlei Themen annimmt. Bis 2007 wurden in Indonesien, Indien und Osttimor Frauen unter Hexenvorwürfen umgebracht.

In Saudi-Arabien werden Männer und Frauen wegen Verdachts der Zauberei bzw. Hexerei verfolgt. Beide Vergehen werden bis heute mit der Todesstrafe geahndet.

Anna war allerdings kein unbeschriebenes Blatt. Auf sage und schreibe 73 Seiten ist mehr oder weniger lesbar festgehalten, wer sie war, wie sie lebte und was sie alles auf dem Kerbholz hatte. Sie war eine Diebin – und was für eine! Das, was sie zusammenklaute, passte nicht auf die berühmte Kuhhaut. Sie entwickelte bei ihren Diebeszügen raffinierte Methoden.

Schlechterdings bezichtigte man sie auch noch der Hexerei. Dieser Verdacht war lebensgefährlich. Ihrer Hexenkunst sollen mehrere Kinder und ein kostbares Pferd eines Hochadeligen Herrn von Boineburg zum Opfer gefallen sein.

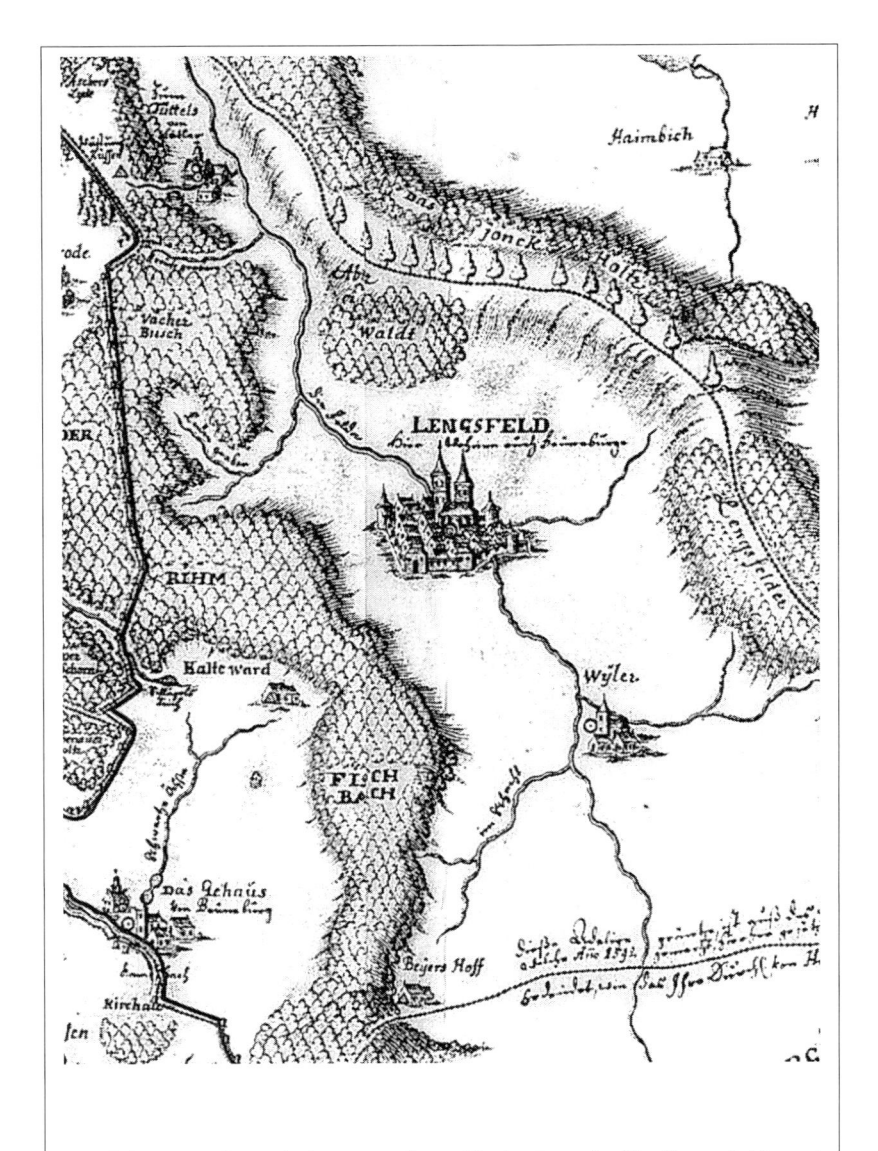

Abbildung 1: Ausschnitt aus einer Flurkarte mit Stadtlengsfeld und Weilar, um 1592; Quelle: Archiv R. Schlegel, 2013

Endete Anna Schmidt auf dem Scheiterhaufen?

Darüber geben die Akten keine Auskunft. Wir dürfen sogar hoffen, dass sie diesem Schicksal entfliehen konnte, weil ein „Land Knecht" sie nicht sorgfältig genug bewachte. Das entlockt uns ein Schmunzeln, auch wenn sie für ihre Diebereien eine ordentliche Abreibung verdiente.

Die aufgeklärten Menschen unter uns können mit dem Thema „Hexen" wenig anfangen. Vor 300 Jahren aber gab es niemanden, der die Existenz von Hexen geleugnet hätte.

Nun der Reihe nach: Wer war Anna Schmidt, geborene Reich?

Gleich zu Beginn des ersten gütlichen Verhörs wird Anna gefragt: „Wie alt Inquisitin seyen?". In den Akten der Hexenprozesse werden die Beschuldigten als Inquisit bzw. Inquisitin bezeichnet. Der Gerichtsschreiber hält fest: „Sie könte nicht wißen, wie alt sie seye."

In der Regel durchliefen die Hexenprozesse folgende Verfahren: Aus einer Anzeige (Denunziation) oder einer Beschuldigung (Aussage) aus einem laufenden Prozess schickt der Amtmann ein Protokoll an seine Regierung mit der Bitte um Auskunft, wie in dieser Angelegenheit weiter zu verfahren wäre. Der Spruchkörper (Teil eines Gerichts) weist in den meisten Fällen an, Erkundigungen über die verdächtige Person einzuziehen. Dazu werden Nachbarn, auch Verwandte und die Geistlichkeit des Ortes befragt. Die Aussagen werden protokolliert und wieder dem Spruchkörper zugesandt. Dieser entscheidet, ob die betreffende Person zu verhaften wäre. Der Verhaftung schließt sich eine gütliche Befragung an, die sich zum einen aus der Zeugenbefragung ergibt und zum anderen den Verdacht der Hexerei betrifft.
Leugnet die angeklagte Person, müssen die Zeugen ihre Aussagen „ins Gesicht" sagen. Sie müssen zuvor auf ihre Anschuldigungen einen Eid ablegen. Die erneuten Aussagen gehen als Protokolle wieder an den Spruchkörper. Wurden die Anschuldigungen geleugnet, wird der Amtmann angewiesen, eine peinliche Befragung durchzuführen. Dieses Mal ist der Scharfrichter mit seinen Instrumenten (Folterwerkzeuge) zugegen, die aber noch nicht angewandt werden. Wieder gehen die Akten an den Spruchkörper mit der Frage, wie weiter zu verfahren wäre. Leugnete die Person erneut, weist der Spruchkörper die peinliche Befragung (mit ziemlicher Tortur und Qual) an.

Ist nun ein Geständnis erfolgt, musste dieses drei Tage später „gütlich" durch die angeklagte Person bestätigt werden. Das Geständnis wird wieder an den Spruchkörper geschickt, der in der Regel auf den Tod durch Feuer entscheidet. Der Landesherr bzw. die Regierung bestätigen das Urteil. Der Amtmann fordert auf dem endlichen Rechtstag des Hochnotpeinlichen Halsgerichtes die beschuldigte Person zur Wiederholung des Geständnisses auf. Das schon feststehende Urteil wird verkündet und über der Person der Stab gebrochen. Das Urteil wird vollstreckt (vergleiche Abb. 3). [6]

Von ihren Eltern gibt sie zur Auskunft, dass ihr Vater, Jacob Reich, ein Messerschmied war. Ihre Mutter hatte den gleichen Vornamen. Auf die Frage, wo sie denn „gewohnet" habe, nennt Anna Schmalkalden. Dort hätte sie bei ihrem Bruder drei Jahre gewohnt und 16 Jahre bei einem Bäcker Hans Erhardt „gedienet". Zu ihrem Lebensunterhalt gibt Anna an, sie hätte „am Rad gesponnen und getaglohnet" In Roßdorf hat sie bei Marx Krugen gedient und ihren Mann „gefreyet". Später werden wir aus den Protokollen erfahren, dass dies der Hans Valten Schmidt, ein Zimmermann, gewesen war. Die Ehe war wohl nicht ohne Spannungen. Obwohl Anna Schmidt beteuerte, ihr Mann habe von ihren Diebstählen nichts gewusst, so kann ihm das nicht verborgen geblieben sein. Fast jedem im Ort war bekannt, dass sie wegen dieser Delikte sowohl in Salzungen wie auch in Lengsfeld (vergleiche Abb. 1) am Pranger stand sowie im Gefängnis einsaß. In den Protokollen beteuerten die „Zeugen", dass sie deshalb mit der Anna Schmidt nichts zu tun haben wollten. Sogar die Kinder wurden gewarnt, sich von ihr fern zu halten. Einmal verließ Anna Schmidt Lengsfeld und ihren Mann, weil er sie für „unwerth" hielt – so ihre Aussage. Der eigene Sohn, der einmal dem Totengräber Sebastian Nothnagel auf dem Friedhof beim Ausheben eines Grabes zusah, sagte, seine Mutter würde nicht hier auf dem „Gottesacker" bestattet, sondern unter dem Galgen.

Einblicke in Annas Leben gibt auch Maria Kommelen, die Hebamme: „…wann Inquisitin mit ihren Kindern im Kindbett gewesen, hatte sie sich nicht wie eine sechswöchnerin gehalten, sondern were gleich allenthalben im Hause herumb geloffen und zuvor Bauerfuß, auch nicht in der Stube sondern auf dem Boden unterm Tach gelegen, hatte sie darob gestrafet und es ihr gewahrnet, daß sie es nicht thun sollte, alleine hatte sie gesaget, es schadet ihr nichts, sie hatte auch jederzeit ihre Kinder gebohren gehabt, ehe sie da(zu)kommen, ihr leztes kind, so sie gehabt, hatte kein ober maul gehabt, sondern man hatte ihm unter der nasen bis in halz hinein sehen können und weil es daher nicht an der Mutter trinken können, war es dann andern tags nach der Geburt gestorben, könnte vor sich Inquisitin nichts nachzusagen, alß daß sie wegen Dieberey am Pranger gestanden und daß insgemein lüthe ihr nicht viel gutes nachsagen."

Warum wurde Anna in Haft genommen?

Der Amtmann kommt gleich zu Beginn des Verhörs zur Sache und befragt sie, ob sie denn wisse, warum sie in Haft sei (vergleiche Abb. 2). Anna vermutet, dass sie wegen des Diebstahls von Rüben angezeigt worden sei. Der Amtmann legt gleich nach und sie bejahte,

- dass sie Rüben vielmals gestohlen habe,
- dass sie wegen begangener Diebstähle in Salzungen am Pranger stand,
- dass sie auch danach wieder gestohlen hat,
- dass sie wegen Diebstähle auch hier in Lengsfeld zwei Mal am Pranger war und 1675 sogar vier Wochen im Gefängnis saß, die Gefängniskosten bezahlen musste und ihr körperliche Strafen angedroht wurden, wenn sie das Stehlen nicht ließe,

- dass sie aber trotz dieser Androhungen weitere Diebstähle und andere „lose Händel" beging.

Nicht wahr wäre dagegen, dass sie zum Landsknecht bei ihrer Verhaftung sagte, sie könne das Stehlen eben nicht lassen. Sie würde nur stehlen, wenn es bei den Bestohlenen „keine Not" hätte. Das ergebe sich eben manchmal so.

Verlassen wir jetzt einmal das Protokoll des gütlichen Verhörs und wenden uns den Auskünften von Annas Zeitgenossen zu, die ja nach der Anzeige und Verhaftung einzuholen waren. Wir ordnen die Aussagen jedoch nach der Art der Beschuldigungen:

Anna Schmidt wird beschuldigt, Kinder so verzaubert zu haben, dass sie an diesem Zauber gestorben sind.

Dessen beschuldigen sie Werner Reisig, Maria Spangenberg, Asmus Liebknecht sowie Philipp und Martha Elisabetha Rautte. Die Todesfälle lagen bis zu acht Jahren zurück. Es reichte den Zeugen als Beweis, dass Anna die Kinder angehaucht, berührt oder auch nur beim „Brunnengeschwätz" unter den Weibern äußerte, die kranken Kinder seien verhext und würden bald sterben. Verschiedentlich wird das Krankheitsbild der Kinder mit „krumm und lahm, ausgedörrt wie Holz" beschrieben.

Abbildung 2: Mittelalterliche hochpeinliche Hexenbefragung unter der Folter; Quelle: verändert nach [1]

Im folgenden Fall wird der Tod eines Kindes der Anna Schmidt angelastet, weil sie sich in der Nähe des Kindes aufgehalten hatte. So erzählt Martha Elisabetha Rautte dem Amtmann, dass ihr damals vier Jahre alter Sohn bei der Arbeit seines Vaters zugegen war, der dem Herrn von Boineburg ein neues Gartentor zimmerte. Auch Valten Schmidt, Annas Mann, hatte an diesem Tag an gleicher Stelle gearbeitet. Da kam Anna hinzu, holte Späne und trug diese nach Hause. Martha Elisabethens Kind wäre nahe bei den beiden gewesen und steckte sich ein solches Spänchen in die „Söcklein". Abends klagte der Kleine über Kopfweh und starb. Am Morgen darauf wäre Anna in ihr Haus gekommen und hatte gefragt, ob das Kindlein schon tot wäre. Da hegten sie und ihr Mann den Verdacht, dass ihr Kind von ihr verzaubert worden ist, so dass es starb.

Angesichts solcher hanebüchener Behauptungen rufen wir heute aus: „Das kann doch nicht wahr sein!"

Doch, damals war es wahr. Es war eben (kirchlich geförderter) Glaubensgrundsatz. Die Existenz von Hexen und Teufeln gehörte zum Bild des damaligen Selbstverständnisses. Selbst Martin Luther war diesem Weltbild verhaftet. Er war überzeugt, dass der Teufel leibhaftig sein Unwesen trieb. Hexen waren für ihn Realität. Mit denen sollte man *„keine Barmherzigkeit haben ... Ich wollte sie selber verprennen."* [7] Da wundert es natürlich nicht, dass das Volk von der Kanzel herab vernahm: „ *... von solchem Gottlosen Teufelswerke mit ernst abzumahnen"*, *„auff die verdechtigen Personen gutt acht zu geben, denselben in der Beicht starck und scharff fürhaltung zu thun, und bey der Commune Vleisig uff acht zu haben, uff das Coena Dominica* (= Sonntags Abendmahl) *nicht prophaniret* (= entweihen, schänden) *werde"*. [6]

Wir würden das heute als Aufforderung zum Denunzieren verstehen. Wenn auch die Kirche nicht unmittelbar am Prozess und am Urteil mitgewirkt hat, so war sie doch mehrfach beteiligt. Sie forderte auf, Hexen zu benennen. Pfarrer schrieben Zeugnisse zu verdächtigen Personen. Sie forderten, die der Hexerei bezichtigten auf, sich zu ihren Sünden (Hexerei, Zauberei) zu bekennen. Die Pfarrer gewährten den zum Tode verurteilten und auf ihrem Weg zum Scheiterhaufen „geistlichen Beistand".

Anna verhexte Pferd und Gerichtsverwalter

Anna Schmidt wird beschuldigt ein schönes und kostbares Pferd eines Hochadligen Herrn von Boineburg verhext zu haben, so dass es schließlich „verecket" ist.

Vor dem Amtmann erscheint Ludwig Perniss, Ratsherr und Gerichtsschöpp (= Gerichtsbeisitzer), um seine Aussage zu machen. Der älteste Sohn der Hochadeligen Frau Wittib (= Witwe) ließ durch Anna Schmidts Ehemann im Pferdestall zwei neue Stände bauen. Nachdem er

Abbildung 3: Hexenverbrennung im Mittelalter; Quelle: verändert nach [2]

dies getan und seinen Lohn bekam, erschien auch Anna im Stall, obwohl sie *„doch nichts darinnen zu thun habt"*. Nachdem der Herr Sohn das schöne und kostbare Pferd in den neuen Ständer hineingezogen hatte, wurde es plötzlich *„aufstützig"* und nach 24 Stunden war es tot. *„Ehe es gar verrecket"* hätte es auf den Hinterbeinen wie ein Hund gesessen, auf den Knien der Vorderbeine gestanden, den Kopf in die Krippe gelegt, vorne sei es ganz nass und hinten ganz kalt gewesen. Zur Bekräftigung seiner Worte nennt er die Namen von Hans Valten

Schmidt, Annas Ehemann, und Hans Michael Weber, Feldmeister (siehe unten) in der Stadt.

Der Feldmeister war der Abdecker oder Schinder. Er vergrub verendetes Vieh auf dem freien Feld. In der Lengsfeld wurde das verendete Vieh durch ihn im „Schindgraben" beseitigt. Der „Schindgraben" befand sich im heutigen Borntal. Hingerichtete wurden dort auch verscharrt.

Sie könnten das Geschehen bezeugen. Unausgesprochen steht hinter diesen Worten: hier kann nur die Anna Schmidt ihre Hände im Spiel gehabt haben; ihr Erscheinen habe den Stall mit einem Zauber belegt.

Annas Ehemann, Valten Schmidt bestätigt vor dem Amtmann die Aussage von Ludwig Perniss. Er habe sich so seine Gedanken gemacht, „dass das Pferd, so vorhin frisch und gesund und ohne mangel gewesen, so bald es in den stall kommen, aufstützig worden und in 24 stunden verrecket, das Pferd war, ehe es verrecket, ganz naß gewesen am leib, und hielte davor, es were behexet gewesen, oder ihm die schwefel Kräz gebrennet worden, daß es gestorben." Damit hatte er seinem Weib wohl einen Bärendienst erwiesen.

Zum Amtmann wird sogleich als nächster Zeuge der Feldmeister Hans Michael Weber gerufen, um sein „Wissen" über den Vorfall zu Protokoll zu geben. Er berichtet etwa das gleiche, setzt aber noch hinzu, das Pferd sei „gesterbet worden", also keines natürlichen Todes gestorben. Das Herz wäre halb verbrannt gewesen, so dass man es zerreiben konnte.

Anna Schmidt wird beschuldigt, den Tod des Gerichtsverwalters Spiegel verursacht zu haben.

Catharina Schellenträger sagt aus, jedes Kind auf den Gassen wüsste, dass Anna eine Hexe sei. Sogar ihr eigener Sohn behauptet das. Die Schmidt hatte auch den Gerichtsverwalter

Spiegel verklagt, weil dieser äußerte, sie würde mit ihrem Mann eine „böse Ehe" führen. Während der Vernehmung hat der Gerichtsverwalter die Anklage scharf zurückgewiesen, jeder wüsste doch, was für eine Frau sie wäre, auch in Schmalkalden. Kurz nach der Vernehmung hat sich der Gerichtsverwalter auf dem Heimweg zwischen Lengsfeld und Weilar den Hals gebrochen. Unausgesprochen stand sofort dahinter: Wenn da mal nicht die Hexe Rache genommen hat!

Diebereien

Anna Schmidt wird des mehrfachen Diebstahls bezichtigt. Die lange Liste dieser Straftaten eröffnet Andreas Sasch (?). Ihn fragte man, ob ihm von seinem Acker Rüben gestohlen wurden. „Ja, mehr als ein Fuder (= Fuhre oder Ladung eines ein- oder zweispännigen Wagens)." Auch Andreas Schulz gibt an, dass ihm viele Rüben gestohlen wurden. Er selbst hatte die Schmidt gesehen, wie sie vom Acker des Andreas Sasch Rüben in ihre „Kötzen" (= geflochtener Rücken-Tragekorb) getan. Er hatte den Diebstahl aber nicht gemeldet.

Anna Liebknecht meldet sich beim Amtmann und erzählt, die Anna hätte dem alten Schulz in Langenfeld ein „Maas" Gerste gestohlen. Da sei sie dabei gewesen. Als sie die Schmidt deshalb gescholten, sagte diese, dass der Schulz noch genug von der Gerste habe und es ihm nicht schaden würde.

Beim ersten gütlichen Verhör wird Anna beschuldigt, beim Schäfer in Wildprechtroda einen Nuster (= *schwäb.* Perlenkette oder Rosenkranz) gestohlen zu haben. Das bestreitet sie zunächst, gibt aber später zu, dass er bei ihr zu Hause wäre. Sie gesteht auch, dass sie auf dem Jahrmarkt zu Lengsfeld einem Nagelschmied aus Schmalkalden Nägel gestohlen habe. Das hätte sie nur getan, weil der Nagelschmied ihren Kuchen nicht mit Nägeln tauschen wollte. Der Nagelschmied habe sie darauf hin geschlagen.

Auf die Frage „Hätte sie nicht aus dem Hause des Gerichtsschöppen Conrad Enders einen Rock gestohlen?" antwortete Anna „Das wäre nicht wahr. Ein Sturm hätte den Rock in ihren Hof geweht. Dort habe sie ihn gefunden."

Hans Schacht hatte Anna beobachtet, wie sie auf dem Galli-Markt einem Seiler aus Schmalkalden zwei Büschel Seide genommen, aber nur eines bezahlt hat.

Der „Gallimarkt" ist ein seit dem Mittelalter abgehaltener Markttag mit später volksfestlichem Charakter. Es ist der Tag „Galli", der 16. Oktober, und der Todestag des irischen Missionars und Heiligen St. Gallus. Dieser Tag wurde mit Absicht gewählt, da bis zu St. Gallus die Ernte eingebracht und die Tiere im Stall untergebracht waren, denn ab St. Gallus konnte Schnee fallen. Somit konnten alle Bauern, Knechte, Mägde sowie Händler an diesem Tag in die Stadt gehen und einkaufen. Die wahrscheinlich älteste Quelle ist die etwa 1562 geschriebene „Chronyk van Oostfrieslant" des Drosten Eggerik Beninga von Leerort. Dort heißt es, dass noch zwei Märkte in Ostfriesland nötig sind, einer zu Leer auf Galli und der andere zu Weener auf Bartholomei.

Das gestohlene soll sie in ihrem Busen versteckt haben. In einer Mühle ergaunerte sie sich ein Maß Korn (= ca. 10 l, altes Getreidemaß) von den Söhnen des Müllers, indem sie vorgab, sie hätte den Sack beim Müller schon bezahlt, was aber nicht stimmte. Sie konnte sich ihres Diebesgutes aber nur kurze Zeit erfreuen. Als der Müller vom Markt in Vacha nach Hause kam und seine Söhne ihm von dem „Geschäft" erzählten, eilten sie der Diebin nach, verabreichten ihr eine ordentliche Tracht Prügel und nahmen ihr das Korn selbstverständlich wieder ab.

Der nächste Diebeszug führte Anna nach Merkers in das Haus des Schulzen Hans Mosebach. Hier traf sie aber nur die kleinen Kinder an. Die Mutter wäre im Garten, um Rüben zu jäten, der Vater wäre im Dorf. Diese günstige Gelegenheit nutzte Anna, um ein Paar neue Schuhe, ein Tischtuch und ein paar Eier mitgehen zu lassen. Als die Mutter das Haus betrat, erzählten die

Kinder ihr von dem „Besuch" der Frau. Die Mutter bemerkte schnell den Diebstahl. In Kieselbach fand sie Anna noch im Haus der Feldmeisterin. Dort kam es zum Streit, da Anna natürlich alles abstritt. Die Frau vom Schulzen drohte ihr Schläge an, falls sie die geklauten Sachen nicht sofort herausrückte.

Anna ergriff die Flucht und lief nach Merkers zurück. Natürlich nahm die Mosebach sofort die Verfolgung auf. Unterwegs traf sie einen Mann, der sich an der Fahndung beteiligte. Anna hatte sich in einer Dornenhecke versteckt, wo sie dennoch entdeckt wurde. Die beiden zerrten sie hervor und schlugen sie mit den gestohlenen Schuhen. Im Verhör bestritt Anna den Diebstahl des Tischtuches und der Eier, gab aber zu, die Schuhe gestohlen zu haben.

Zu Lichtmess war Anna Schmidt in Vacha. Dort stahl sie dem Löber (= Ledermacher) Hans Heinrich Schrumpf ein Stück Leder aus seinem Haus. Und auch dieses Mal geht der Diebstahl für Anna gründlich daneben. Um das Leder zu Geld zu machen, wollte sie es einer Jüdin in Vacha für einen Taler verkaufen. Die Jüdin bot aber nur einen Halben, mit dem sich Anna zufrieden gab. Sie erzählte, ihr Mann sei Schuster in Schmalkalden gewesen, leider gestorben, ihre Kinder litten Hunger und für das Geld wollte sie etwas zu Essen kaufen.

Auch die Jüdin wollte das Leder sofort zu Geld machen und verkaufte es gleich einem Schuster. Da das Leder aber zur Verarbeitung noch nicht fertig zubereitet war, gab der Schuster es dem Löber, dem es gestohlen wurde. Die Magd der Jüdin aber hatte Anna aus Lengsfeld erkannt. Der Jude aus Vacha wandte sich brieflich an den Glaubensbruder Männlein aus Lengsfeld. Im Brief wurde Anna mit Anzeige gedroht, wenn sie das Geld nicht unverzüglich zurückgab. In diesem Fall darf nicht verschwiegen werden, dass Anna das Geld tatsächlich herausrückte, vermutlich aus Angst vor den Folgen der drohenden Anzeige.

Anna Schmidt schien bei ihren Diebeszügen auch nicht vor dem Eigentum der allerhöchsten Herrschaft zurückzuschrecken. Ihr wird im *„Articuli 101"* des gütlichen Verhörs die Frage gestellt: *„Ob nicht Inquisitin den jüngst verwichenen Michäelistag abend ümb 10 Uhr sich in der Adeligen Burg alhir verdächtig finden und antroffen laßen?"* Das bestreitet sie nicht. Um sie gleich richtig „festzunageln" wird sie damit konfrontiert, dass ihr Philipp RANFT dabei an der Wasserpforte und die Köchin der Herrschaften in der Burg begegnet sei. Das gibt sie zu, auch, dass sie vor der Köchin in das Backhaus geflüchtet sei. Philipp und die Köchin folgen ihr und rufen vor dem Backhaus sehr laut, wer da drinnen sei. Anna aber antwortet nicht.

Ein Landsknecht (vergleiche Abb. 4) wird zur Verstärkung herbeigerufen. Nun holen die drei ein Licht, leuchten in das Backhaus und entdecken Anna auf dem Backofen sitzend. „Nein, auf dem Backofen hätte sie nicht gesessen und der Landsknecht war auch nicht dabei. Der wäre zum Bier gewesen und nur seine Frau war zu Hause." gab sie später zu. Da Anna, laut Protokoll der Aufforderung des Landsknechtes, sofort vom Backofen zu steigen, nicht nachkam, wird der vor der Burg wohnende Zimmermann Hans Georg Schmidt hinzugeholt. Der wollte gleich seine Büchse holen und Anna vom Backofen herunterschießen. Dem wäre nicht so und überhaupt redet der Zimmermann nicht mit der Wahrheit, hielt Anna dagegen.

Ja, warum hat sie denn nicht geantwortet, als nach ihr gerufen wurde? Auch diese Frage setzt sie nicht in Verlegenheit: Wenn sie nicht entdeckt wird, kann sie noch davonrennen. Was wollte sie denn dann in der „Adeligen Burg" verüben und stehlen? Da wollte sie gar nichts stehlen, sie wollte gleich wieder hinaus „auf die Rüben gehen". Damit verstrickt sich Anna in weitere Widersprüche, denn sie hätte doch zum Landsknecht gesagt, als der sie vor dem Backhaus in Arrest nahm, sie wollte ihrem Mann durch die Wasserpforte entgegengehen, weil er vom Markt in

Vacha kam. Das wäre doch schon wieder gelogen, wird ihr dagegengehalten.

Am Morgen, als sie zur Vernehmung durch den Amtmann geführt wurde, beteuerte sie, nun will sie alles gestehen. Dem Amtmann sagte, dass sie durch die Wasserpforte auf die Rüben wollte, die dem Bruder ihres Mannes gehörten. Bei dieser Gelegenheit muss sie auch noch gestehen, dass sie schon früher auf dem Acker von Martin Schulz, Andreas Saft und dem Bruder ihres Mannes Rübendiebstähle begangen hatte.

Nach der Vielzahl der Anschuldigungen bricht das Verhör bei der Frage 134 ab.

Verhaftung und Flucht

Nach den zahlreichen Vorwürfen des Diebstahls und durch die Zeugenaussagen, konnte der Richter nicht umhin, Anna Schmidt zu verurteilen. Sie wurde wiederholt in Gewahrsam genommen. Über die Haftverhältnisse geben die einschlägigen Gerichtsakten fast keine Auskünfte. Komfortabel waren sie gewiss nicht: ein dunkles Verließ, ein Lager aus Stroh, vielleicht ein Schemel, ganz gewiss feucht und kalt. Auch ist uns der Ort des Gefängnisses nicht überliefert. Vielleicht befand er sich im Keller des Amtshauses oder in den dicken Mauern der Burg. Die uns verfügbaren Akten nennen insgesamt 21 Jahre Prozessdauer. Während dieser Zeit wird Anna nicht ununterbrochen im Gefängnis gewesen sein. Es gibt Hinweise dafür, dass die Haft zeitweise ausgesetzt wurde. Einmal, so geben die Akten zu erkennen, hat Anna den Landsknecht Sebastian Urmack (der wohl auch Gefängniswärter war) gebeten, er möchte beim Amt daran erinnern, dass ihre Sache zu Ende gebracht werde. Der aber meinte, es müssten noch viele Zeugen wegen ihrer Diebstähle vernommen werden. Warum hätte sie auch so viel gestohlen?

Ein anderer Vermerk deutet auf einen Fluchtversuch hin. Wir geben jenen Aktenvermerk absichtlich Buchstabe für Buchstabe wieder, um Ausdruck, Rechtschreibung und Satzbau der damaligen Zeit auf den heutigen Leser wirken zu lassen:

„*Actum am 23. Octobr. – Zeigt der Landknecht an, daß dero gestern die Inquisitin zu Verrichtung ihrer Leibesnothdurft von dem Kloz,*

Abbildung 4: Mittelalterlicher Landsknecht mit Partisane; Quelle: verändert nach [4]

daran sie geschloßen, abschließen wollen, hatte er das schloß nicht öffnen, noch den Schlüßel hineinbringen und ümbtrehen können, dahero es mit der zangen aufbrechen müssen, darauf er funden, daß ein hölzerner nagel zum schlüßel Loch hineingetrehet worden, welches niemand anders, als Inquisitin gethan. Ego der Amtmann befohle darauf bey des vom Landknecht, als auch denen Wächtern fleißiger aufsicht bei der Inquisitin zu

haben, damit sie nicht sich ledig machen und entwichen mögte."
Geflohen ist Anna letztlich doch. Den Akten ist ein Edikt (= obrigkeitliche Bekanntmachung) vom 4. Oktober 1694 der Freiherren von Boineburg (des Gerichtsherren von Lengsfeld) beigefügt. Das Edikt war an der Kirche zu Völkershausen angeschlagen, „das es jedermann lesen können". Darin erfahren wir, dass Anna Schmidt „aus der Verhaftung durch Verwahrlosung des Landt Knechts entkommen" ist (Verwahrlosung – was für ein schönes Wort für schlampige Gefängnisaufsicht.). Die Schmidt wird aufgefordert, dass sie am Dienstag nach Leopolde *„vorm Consistorio* (= kirchliche Gerichtsbehörde) *allhir recht früher Tageszeit vor uns erscheinst, was maßen dein obbesagter Ehemann seine desertion* (= unerlaubtes Verlassen) *Klagen wider dich anstellen wird, ...".*
Valten Schmidt sah sich genötigt, selbst noch Anklage gegen seine Frau zu erheben. Der Grund: sie hat unter Eid eine falsche Aussage über ihren Mann gemacht. Wir wissen nicht, wie die Gerichtssache letztendlich ausgegangen ist. Dass Anna sich freiwillig gestellt hat, ist sehr unwahrscheinlich angesichts der gestandenen Diebstähle und Verdächtigungen wegen Hexerei. Sie selbst argwöhnte während der Haft, dass sie die nächste sei, die man nach Elsa Klinzing[18] verbrennen würde.

Letztere wurde ebenfalls als Hexe bezichtigt sowie nach dem Hexenprozess vom 13. 2. 1674 auf dem Scheiterhaufen verbrannt.

Ein Werwolf in Lengsfeld

Rolf Leimbach

Von dem Werwolf zu Lengsfeld wird schon in einer alten Sage berichtet. Hinter der Ölmühle soll ihn ein Schäfer gesehen haben. [1] Ein „Werwolf" (germanisch „*wer*" = Mann), althochdeutsch auch „Mannwolf" genannt, ist in der europäischen Mythologie, in der Sage und Dichtung ein Mensch, der sich in einen Wolf verwandeln kann. Bereits Lucas Cranach (1472 - 1553) fertigte ein Holzschnitt mit dem Bildnis eines Werwolfs (vergleiche Abb.1). Verbreitet war in der Zeit der Hexenverfolgungen die Anklage, dass sich vor allem Männer *„mit Hilfe eines Gürtels"* in einen Wolf verwandeln.

Wenn es bei der Sage geblieben wäre, könnte es noch angehen. Doch das wahre Leben ist weit dramatischer.

Einem Hans Mäurer wird im Rahmen von Hexenprozessen des 17. Jahrhundert angelastet, dass er sich *„durch Einreiben mit einer Salbe"* in einen (Wer-)Wolf verwandeln kann. Weil Hans „im Kriegsdienst" am Bein verwundet wurde, konnte er nur „am Stock" gehen. Selbst sein lahmes Bein wird ihm zum Verhängnis. Er wird unter der Folter erklären, es wäre während der Verwandlung in einen Wolf entstanden. Laut Gerichtsprotokollen der Inquisition werden 41 Zeugen zum Sachverhalt vernommen, wobei einige sogar wohlwollend aussagen. Dazu gehört der Pfarrer, Daniel Pfnör (?).

Der bestätigt schriftlich, *„daß er … in die Kirchen fleißig gangen, u. Gottes wort gehört, hat aber das Hl. Abendmahl nicht fleißig besucht, … ist auch in Predigen stundt gewesen, u. hat auch sonsten nie ein bößes gerücht gehabt …".* (vergleiche Abb. 2)

39 Zeugen können nichts Gutes und nichts wirklich Schlechtes

Abbildung 1: Lucas Cranach, Holzschnitt, 1512, Werwolf; Darstellung von ängstlichen Müttern mit ihren Kindern sowie Werwolf, der Erwachsene zerfleischt und Kinder frißt; Quelle: [2]

über ihn aussagen, obwohl sie von bösen Gerüchten hörten.

Ein gewisser Hans Simon aber glaubt, dass „Stock Cir" (vermutlich ein Spitzname für Hans Mäurer) eine Schuld an seiner wirtschaftlichen Pechsträhne trägt, die ihn seit Jahren verfolgt. Er hatte vor etlichen Jahren ein Gut (vermutlich Lehensgut) von seinem Herrn, dem Jungker Herman Christophelen von Boyneburgk zu Lengsfeld bekommen.
Es ist denkbar, dass Hans Mäurer auch mit einem solchen

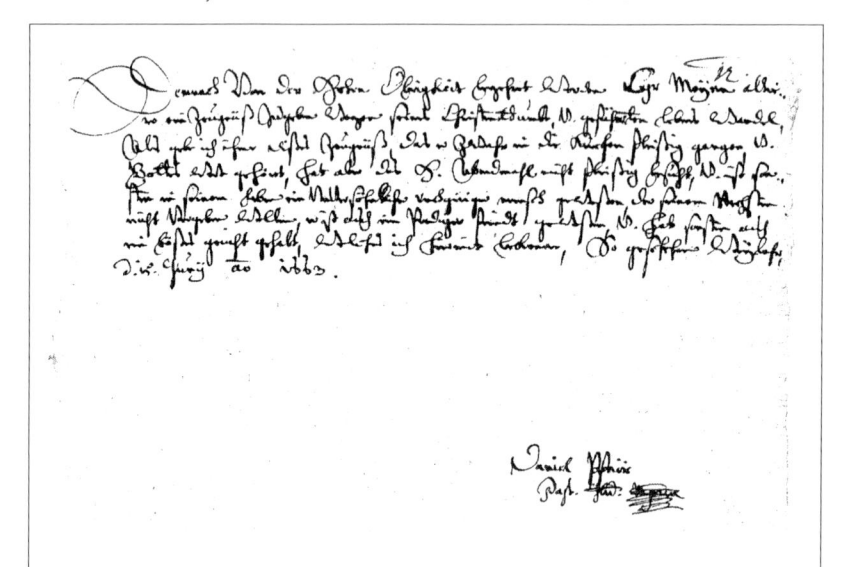

Abbildung 2: Faksimile der schriftlichen Aussage des Pfarrers Daniel Pfnör über die Gottesgefälligkeit des Hans Mäurer, der Zauberei angeklagt; Quelle: [3]

Lehen liebäugelte, aber leer ausging. So etwas gebiert Neid, der häufig in Feindschaft umschlägt. Kommt dann noch der Alkohol im Wirtshaus ins Spiel, bleiben verbale Attacken nicht aus. Hans Mäurer, so können die Protokolle interpretiert werden, wird dem Simon gewünscht haben, dass er an diesem Gut ersticken möge.

Der Teufel soll ihn holen! Im Protokoll ist von 1000 und noch einmal 1000 Teufeln die Rede, die der „Stock Cir" gegen ihn gehetzt haben soll. Dann stürzt sich eine Kuh zu Tode, eine andere bricht sich ein Bein, eine dritte fällt um und ist sogleich tot. Da kann doch nur der Teufel in Menschengestalt dahinterstecken.
Doch Hans Simon will es dennoch auf die gute Tour versuchen. Er bittet seinen Lehnsherrn Christophelen von Boynerburgk dem Hans Mäurer einen Acker von seinem Gut zu geben, *„daß er doch Unglügk los würden"*. Aber der Junker hatte gesagt, er wollte es nicht tun. Er möge zufrieden sein und es Gott befohlen sein lassen. Es würde sich schon einmal zum Guten ändern. Dem Pfarrer hatte Hans Simon ebenso sein Leid geklagt. Der *„hatte ihn* (ebenfalls) *getröstet undt vermahnet, er sollte gedulden, fleißig beten und alles den lieben Gott befohlen"*.

Solcherlei Plänkeleien würde man heute im schlimmsten Fall mit einer Ermahnung abtun. Nicht so in Weilar am 19. Juni 1663. Georg Preis und Baltzer Rohm, beide Gerichtsschöppen, geben dem Centgrafen sinngemäß zu Protokoll:

Schon vor etlichen Jahren, als das Barchent-Weberhandwerk beisammen gewesen, ist in Gegenwart vieler Leute öffentlich gesagt worden, der „Stock Cir" wäre ein Zauberer und ein Werwolf. Und Baltzer beteuert, schon vor zwölf und mehr Jahren gehört zu haben, dass er „sich zu einem Werwolf machen kann, wann immer er will". Welche Person das seinerzeit äußerte, „das kann er mit gutem Gewissen heute nicht mehr sagen".
Wie bei den meisten Hexenprozessen kam es zum gütlichen Verhör. Der Centgraf hat laut Protokoll 26 Fragen auf der Grundlage der Zeugenaussagen vorbereitet. Einige sind nachfolgend wiedergegeben:

– Verschiedene Leute hätten gehört, dass sein Sohn vielmals erzählt, er, Hans Mäurer würde jeden Morgen einen neuen Taler in der Kachel (= hohles Behältnis, Gefäß oder Geschirr) finden, den der Teufel dahin gelegt hat.

Hans Mäurer: Das wäre erlogen.

- Ob er die Kunst gelernt hat, sich zu einem Wolf zu machen?
Hans Mäurer: Wenn er das kann, dann wäre es doch schon bekannt. Wer hat das denn gesehen?
- Hat er dem Hans Simon 1000 und nochmal 1000 Teufel angedroht und seinen Tod, weil der Simon das Gut bekommen habe:
Hans Mäurer: Nein! Aber es hat ihn schon verdrossen, dass er das Gut nicht bekam.

- Ist es denn wahr, dass er einen Kontrakt mit dem Teufel geschlossen hat?
Hans Mäurer: Der Böse ist mir niemals vor die Augen gekommen.

Abbildung 3: Folter zur Erpressung eines Geständnisses, zeitgen. Darstellung; Quelle: Künstler unbekannt

- Hat er denn oftmals die Hexentänze besucht und dabei eine gute Gesellschaft angetroffen?
Hans Mäurer: Nein! Und Gott soll ihn davor behüten, dass er eine solche Gesellschaft kennt.

- Ist es denn wahr, dass er ein Zauberer sei und mit dieser Kunst Valten Nennstiels Frau eine Kuh getötet hat?
  Hans Mäurer: Nein! Die Osanna (Ackermann) hat damals gelogen!

Hans Mäurer ließ sich zunächst nicht einschüchtern und blieb standhaft bei allen seinen Aussagen, obwohl die Zeugen auch unter Eid auf ihre Anschuldigungen beharrten.
Hans Mäurer gab zwar zu, dass es ihn wirklich verdross als er das Gut damals nicht bekam. Er ging deshalb Hans Simon auch aus dem Weg, aber Unglück und Tod habe er ihm niemals gewünscht: *„Hatte es sein lebtag nicht im sinn gehabt."* An dem Verlust der Kühe trage er auch keine Schuld: *„...wer Viehe hatte, der hatte auch Unglück, weren ihm vorm Jahr selbst 3 Stück gestorben."*

Hans Mäurer kann den Schmerzen und Qualen, die ihm zugefügt werden nicht wiederstehen (vergleiche Abb. 3). Dem Protokoll ist zu entnehmen, dass einzelne Fragen immer wieder gestellt, und die Qualen gesteigert werden, bis Hans gesteht, was er nie getan hat. Er gibt zu:

- Der Teufel hat ihm täglich einen Taler geschenkt.

- Er hat sich mit grüner Salbe eingeschmiert, um sich in einen Wolf zu verwandeln. Die Salbe hat er vom Teufel erhalten.

- In einen Wolf hat er sich drei Mal verwandelt. Einmal auf dem Weg nach Eisenach, einmal auf dem Weg nach Vacha und einmal in den Kirchswiesen. Und einmal wäre er als Wolf so weit durch Hecken, Dreck und Pfützen gelaufen, dass er sich den Rotlauf ans Bein geholt hat.

- Ja, einen Kontrakt mit dem Teufel hat er geschlossen. Der war in Gestalt einer feinen Magd zu ihm gekommen, um Barchent (*arab.* = Stoff aus Kamelhaar, in Deutschland aus Schafwolle; Barchent verdrängte nach dem 14. Jahrhundert das Leinen; ein- oder beidseitig gerautes Gewebemit Flanellcharakter; verwendet für Bettwäsche, Futter, Hemden, Hosen oder Kleider; im 19. Jahrhundert Haupterwerbszweig in Lengsfeld und Weilar) zu kaufen. Die Magd hieß Maria. Sie hatte ihn auch getauft und alle Woche einen Taler gebracht.

Er hatte fünf Mal mit ihr gebuhlt und das dauerte nun schon fünf Jahre.

– Die Hexentänze hatte er acht Mal besucht. Da wären auch seine Frau (!), die Osanna und die Margaretha Hosfeld dabei gewesen.

Urteil

Das „Geständnis" wurde in der Urgicht (soviel wie gichtiger Mund oder geständiger Mund; bedeutet Wiederholung des unter der Folter abgelegten Geständnisses, Tage nach der Tortur im Gerichtszimmer; scheinbar freiwillig) zusammengefasst und dem Inquisiten vorgelesen. Hans Mäurer hat es „gütlich" bestätigt:

„Uhrgicht undt letzterer bekentnüß Cir Mäurers alias Stock Cir genant, so an den 28t July 1663. Vor öffentlichen Hochhalspeinlichen Nothhalßgericht abgeleget und bejahet

1. Wahr und hat Inquisit gestanden, muß auch nochmals vor diesen hochgehangten hochpeinlichen Nothhalsgerichte öfentlich gestehen, daß er vor ungefehr 25 oder 26 Jahr einen Contract mit dem Teufell gemacht,

2. Wahr und hat Inquisit gestandten, daß solcher daß erste mahl auf dem Simons hengt.

3. War dann wahr und kann Inquisit keines weges verleugnen, daß dazumahl der Teufell in einer Gestalt wie ein weibes nach zu ihnen kommen,

4. Auch wahr und hat Inquisit bekenet, daß er sie vor Märtz gans Später vor Eisenach angesehen,

5. Wahr, daß der Teufell in solcher gestalt ihnen etliche Stücke Barchent (so er nach Eisenach bringen wollen) abgekauft und so balden bezahlet,

6. Auch wahr daß er damals die abrede mit ihm genommen, … zu ihm in sein haus zu kommen, auch noch mehr Barchent zu kaufen,

7. Alß dann wahr und hat Inquisit gestanden kann auch nimals nicht leugnen, daß der Teufell darauf wieder zu ihm in voriger gestalt zu ihm in sein hauß kommen,

8. Muss dann wahr, daß er darzumahl den Contract vollents mit ihm geschloßen,

9. Darauf wahr und muß Inquisit nochmals gestehen, daß er mit dem Teufell auf … gangen, da er vor ihnen in deß Teufells nahmen getauft worden, auch dazumahl die heilige Dreyfaltigkeit verschworen müßen,

10. Wie dann … wahr und hat Inquisit bekennet, und so auch nochmals gestehet, daß ihm der Teufell damals versprochen, wöchentlich einen Thlr. zu zahlen,

11. … auch wahr, daß er solch Versprechen gehalten, und ihm lange Zeit solch gelt verschaft,

12. Ebenfals wahr und muß er nochmals öfentlich bekennen, daß er nicht allein desmhal sonders auch verschiedene 4 mahl mit dem Teufell unnatürliche Unzucht getrieben,

13. Auch wahr daß ihm der Teufell eine Salbe gegeben, womit er sich geschmieret und sich zu wolf gemacht,

14. Wahr daß er solches unbeschädlich und sonderlich einsmahls auf der Eisenachischen Cause probiret, da er aus furcht vor den soldaten von vächer bergen an biß an den …bergk bey Satzungen gelaufen,

15. Darbey inspecil wahr, daß er damals daß Rothlauf an dem beine gehabt und daraus seinen bösen Schenkel bekommen,

16. … wahr und hat Inquisit gestandten und so auch nochmals vor diesen gehangten hochpeinlichen Nothhalsgericht öffentlich bekennet, daß er zu 9. Und schiedenen mahlen die hexen Täntze besucht,

17. Auch wahr daß er hanßen Simon durch seine Zauberey vil leides zugefügt,

18. War dem dahero wahr daß er ein ofenbarer Zauberer seyen,

19. Auch endlich wahr, das er darmit Gottes und der Obrigkeit Strafe …,

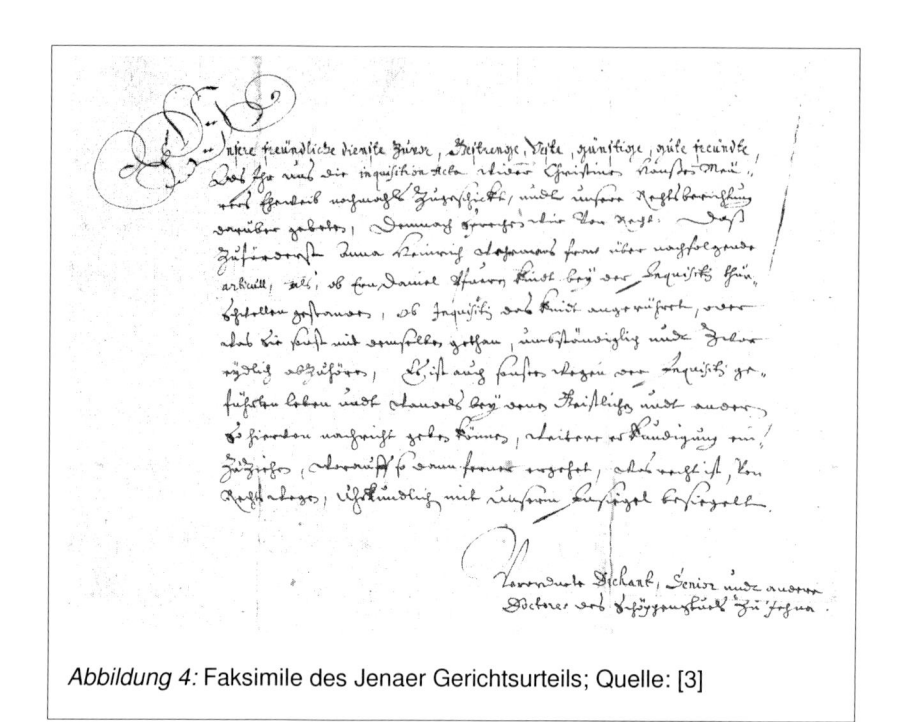

Abbildung 4: Faksimile des Jenaer Gerichtsurteils; Quelle: [3]

20. Und daß letzlich daselbe vor dieses mahl ... wieso es ihm vollstrecket werde".

Mit jenem Protokoll und dem Geständnis wurde ein Meldereiter nach Jena zum Schöppenstuhl geschickt. Er kam mit folgendem Urteil zurück:

„Unsere freundliche dienste zuvor, Gestrenge, Beste, Günstige, gute Freunde, Das Ihr uns die wider Cir Meyern ergangene Inquisition Acta nochmals zugeschickt undt unsere Rechtsberahtung Darüber gebeten, deshalb sprechen wir vor Recht: Hatt Inquisit gestanden undt bekannt, daß er einen Contract mit dem Teuffel gemacht, welcher Ihm grüne salbe gegeben, damit Er sich geschmiret undt zum wolf gemacht, auch solches dreymahl probirt, sich von ihm in seinen Nahmen tauffen laßen. Die hl.

Dreyfaltigkeit verschworen, mit dem Teuffel unnatürliche unzucht getrieben, und die hexentänze besuchet, Da ferner nun Inquisit bey diesem gethanen bekäntniß vor öffentlich gehegtem gerichte freywillig verharret, so wird er wegen solcher begangenen undt bekanten mißhandlung mit dem fewer vom Leben zum tote gestrafet, ehe aber die straffe an Inquisiten vollstrecket wird, ist Christian Hanßen Mäurers Eheweib mit ihm zu confrontiren, worauf so denn auch derselben wegen ergehet, was recht ist. Von Rechts wegen, Urkundlich mit unserem Insigel besiegelt.

Verordneter Dechant, Senior undt andere Doctors des Schöppenstuls zu Jehna" (vergleiche Abb. 4).

Hinrichtung

Nach dem Todesurteil fand die öffentliche Verbrennung unter großem Spektakel in der Stadt Lengsfeld statt. Der Verbrennung eines Zauberers oder einer Hexe beizuwohnen – das war doch was! Und gewiss war dieses Ereignis auch ein gutes Geschäft für die Wirtshäuser und Handelsleute. Wir können nicht mit letzter Gewissheit sagen, wo die Scheiterhaufen errichtet wurden. Lediglich die Flurbezeichnung „Galgenberg" lässt eine Hinrichtungsstätte vermuten.
Noch nochmaligem Verlesen des Urteils brach der Gerichtsherr über den Verurteilten den Stab und stieß die Gerichtsbank um. Der Scharfrichter und sein Helfer begannen ihr Werk. Die Delinquenten wurden mit Ketten an den Pfahl gebunden, Körperteile und Kleidung oft mit Öl getränkt. Stroh, dürres Reisig und Holzscheite wurden so um die Verurteilten geschichtet, dass sie nicht mehr zu sehen waren. Konnten die Angehörigen den Scharfrichter bestechen, so führte er einen schnelleren Tod herbei, indem er die Verurteilten vorher erwürgte oder ihnen Säckchen mit Schwarzpulver um den Hals hängte oder Schwarzpulver unter das Stroh und Reisig mischte, an dessen

Verbrennungsgasen sie schnell erstickten. Selten wurde den Verurteilten die „Gnade" zuteil, dass der Scharfrichter sie vor der Verbrennung enthauptete. Dieses konnte aber nur der Landesherr aussprechen. In der Stadt Lengsfeld ist dies in keinem Fall geschehen.
Durch das Verbrennen durften noch nicht einmal Knochenreste übrigbleiben. Das reinigende Feuer musste alles auslöschen. Die Asche wurde entweder in die Felda geschüttet, an der Richtstätte vergraben oder auf dem Schindacker (im heutigen Borntal) mit der Erde vermischt. Nichts sollte mehr an den Verbrannten erinnern.

Tod nicht umsonst

Rolf Leimbach

Wie in den Beiträgen über die Lengsfelder Osanna Ackermann und Hans Mäurer berichtet wurde, fanden Hexenprozesse meist unter fadenscheinigen Anschuldigungen statt. Alle jene Personen sind in die furchtbaren Gerichtsmühlen der Inquisition geraten. Neid, Missgunst, Dorfgeschwätz, verschmähte Liebe, unbeglichene persönliche Rechnungen, religiöses Eifern und Rachegelüste lieferten die Anschuldigungen, die sich während der folgenden Untersuchungen und Verhöre häufig zu einem Netz verspannen, aus dem die Delinquenten nicht mehr entrinnen konnten.
Die herrschaftlichen Beamten betrachteten in der Regel die belastenden Zeugenaussagen als richtig. Zeugen mussten ihre Anschuldigungen nicht beweisen. Das war Sache des Gerichts. Dazu setzte es das Mittel der Tortur ein. Wer auf diese Weise verdächtigt wurden, dem konnte man schließlich alles in die Schuhe schieben: Krankheiten oder Tod von Mensch und Vieh, Verlust von Eigentum, etc. Ein eigenes Schuldgeständnis erlöste sie oftmals von ihren Qualen.
Häufig brannten zu jener Zeit die Scheiterhaufen in der Flur von Lengsfeld. Jedes der Urteile war eigentlich unhaltbar. Jeder der Angeklagten war im Sinne der Anklage unschuldig. Dennoch bekannten sich die Beschuldigten unter der Folter als schuldig.

Welche himmelschreiende Ungerechtigkeit.

Nicht genug, dass die Beschuldigten oft genug sterben mussten, nein, sie oder die Angehörigen hatten auch noch die Kosten des Gerichtes, die Hinrichtung und Sonstiges zu bezahlen.
Schon im laufenden Verfahren wurden die Kosten angekündigt. Die Eintreibung der Kosten bei den Angehörigen oblag dem

Gerichtsherrn der Stadt. Das gesamte Eigentum der Hingerichteten wurde eingezogen. War kein Eigentum vorhanden oder überstieg es die Prozesskosten, so mussten die Untertanen des Gerichtsherren dafür aufkommen. Diese Kosten umfassten (vergleiche Abb. 1):

- alle vom Schöppenstuhl in Jena eingeholte Kosten,
- die Verpflegung der Inhaftierten,
- die Verpflegung des Scharfrichters und seiner Helfer bei der (oft mehrtägigen) Folter und der Exekution,
- die Bezahlung der Wachen für das Auf- und Abschließen anlässlich der Zuführung der Inhaftierten zu den Verhören und zu Besuchen der Angehörigen,
- die Bezahlung des Centgrafen, der Gerichtsschöppen und der Gerichtsschreiber,
- die Bezahlung der Pfarrer (*„für ihre Mühe"*),
- die Bezahlung von Socken und Pflaster für die Inquisiten (wahrscheinlich zur *„Pflege"* der bei der Folter zugefügten Wunden und Verletzungen),
- die Bezahlung des Schmiedes für Ketten, Krampen und anderes, die bei der Hinrichtung gebraucht werden,
- die Beschaffung von Stroh, Reisig und Holz
- die Bezahlung von Speisen und Getränken am Tage der Exekution (für den Gerichtsherren, den Pfarrer, das Gericht, den Scharfrichter und seinen Helfern).

Die Aufzählung ist sich noch unvollständig. Allein die Exekutionskosten einer Christine Mäurer belaufen sich auf über 99 Taler.
Da wundert es nicht, dass die Angehörigen im Falle der Elsa Klinzing (am 13. Februar 1674 in Lengsfeld verbrannt) die Gerichtsjunker um die Stundung der Gerichtskosten baten. In einem anderen Fall wandten sich die Hinterbliebenen an die drei Pfarrer von Lengsfeld, Gehaus und Weilar, um ihren Einfluss beim Gerichtsherrn geltend zu machen, die Gerichtskosten zu erlassen.

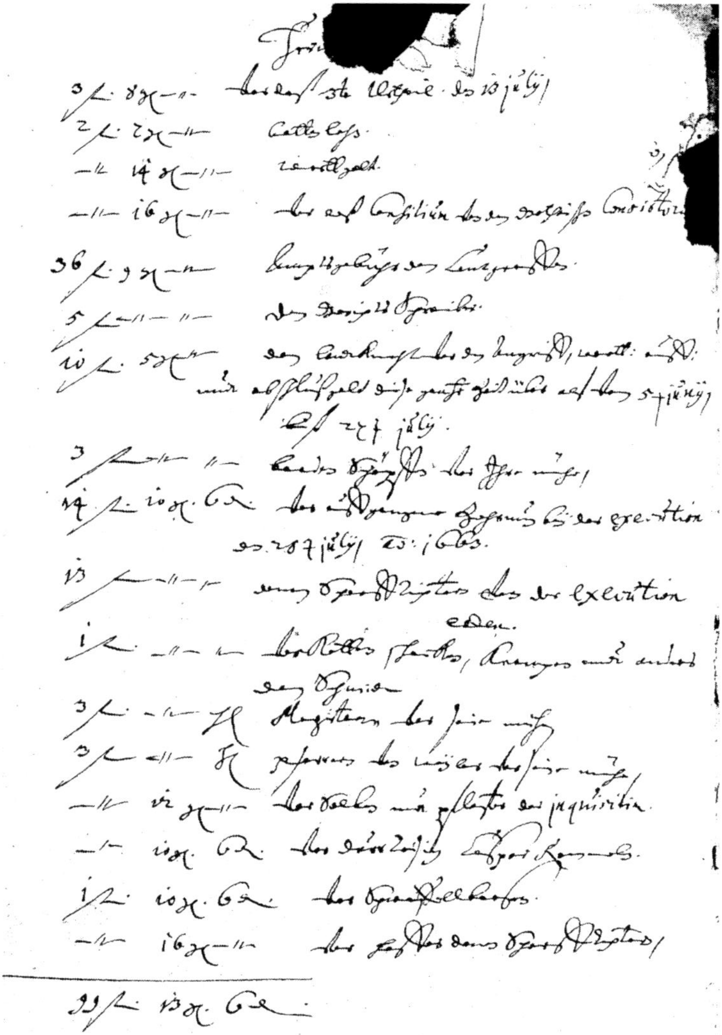

Abbildung 1: Faksimile eines Teils eines Gerichtsprotokolls mit der Kostenaufstellung für den Hexenprozess gegen Hans Mäurer, 1663; Quelle: [2]

Hin und wieder blieben sogar die Scharfrichter auf ihren Kosten sitzen. Zuweilen nehmen die Ereignisse tragisch-komische Züge an.

So bittet beispielsweise ein Merten Wurm, der Elsa Klinzing verbrannte, am 15. Juli 1674 den Gerichtsherrn von Boineburg, ihm endlich sein Geld zu zahlen. Am 28. Februar 1675 hatte der Mann noch keinen Heller erhalten. Nun stand ihm das Wasser selbst bis zum Hals, denn er konnte sein Haus und Vieh nicht mehr erhalten, da ihm sein Vermögen ausging. Zu allem Überfluss liegt seine Frau krank darnieder und er kann ihr kein Labsal reichen:

... *„mein unterthäniges demüthiges bitten und flehen, Dieselben wollen großgünstig geruhen, meines und meines weibes armen und elenden zustand anzusehen, und großgünstige verordnung thun, daß mir doch oben gedachte forderung die 13 gulden mit-nächstem gegeben werden müßten."*

Was antwortet ihm der Herr von Boineburg?

„Merten Wurm soll sich gedulden biß das hauß (vermutlich der Elsa Klinzing) *verkauft oder andere mittel erlanget werden."*

Dieser Vorfall wirft auch ein Bild auf die Scharfrichter in jener Zeit. Sie wurden gebraucht, aber von jedermann gemieden. Sie lebten oft außerhalb der Stadtmauern. In den Schankwirtschaften hatten sie seinen separaten Stuhl und Tisch, an denen sich keine anderen Gäste niederließen. Der Becher des Scharfrichters war mit einer Kette am Platz befestigt, so dass niemand auf den Gedanken kommen konnte, daraus einen Schluck zu trinken.

Der Historiker Ronald Füssel [1] ermittelte, dass in der Zeit von 1526 bis 1731 etwa 1.565 Hexenverfolgungen im Thüringer Raum urkundlich wurden. Das war das Gebiet von Dermbach im Westen bis nach Altenburg im Osten, von Nordhausen im Norden bis Coburg im Süden. Im Jahr waren das rd. acht Prozesse. Andere Forschungen besagen, dass die Tötungen infolge der Hexenprozesse in ganz Deutschland in die Zehntausende gingen. Der Autor vermerkte, dass es in der Zeit von 1663 bis 1720 in der Stadt Lengsfeld insgesamt 18 Fälle gab, von denen neun mit der Hinrichtung durch Feuer endeten. Zwei Frauen sind im Verlaufe des Prozesses gestorben (eine in der „*Hexenstube*", wahrscheinlich an den Folgen der Folterung), vier wurden frei gesprochen, eine Frau ist aus der Haft geflohen und zwei Fälle wurden nicht abgeschlossen.

Wer waren die Schuldigen solcher Exzesse? Eine kurze Antwort lässt sich nicht finden. Die Kirche hatte wohl den größten Anteil an „Schuld". Sie maß sich den Alleinvertretungsanspruch in allen Dingen des Lebens an. Es waren vor allem Frauen, die in den Verdacht gerieten, dass bei ihnen nicht alles mit rechten Dingen zuginge. Man schätzt, dass nur in Europa zwischen dem 15. bis 17. Jahrhundert mehr als 60.000 Hexen hingerichtet wurden!

Dabei traf es oft jene mit erstaunlichen Kenntnissen über Kräuter, die man sowohl mit Gutem als auch mit Schlechtem in Verbindungen bringen konnte. Als Heil- und Kräuterfrauen waren sie geschätzt. Ihre heilsame Kunst sprach sich herum, besonders dann, wenn aller geistliche Beistand nicht fruchtete. Umgekehrt kam dann mancher Pfaffe auf den Gedanken, dass solche „Wunder" verdächtig seien.

Manchem Kräuterweib mag wohl auch ab und an ihre Kunst zu Kopf gestiegen sein, d. h. dass sie mehr versprach als nur Blähungen zu beheben oder Gicht und Rheuma zu lindern.

Damit begab sie sich auf ein Terrain, das anderen vorbehalten war. Böse Geister und Teufel vertreiben konnte nur die Kirche!

Waldsachsen

Rolf Schlegel & Rolf Leimbach

In alten Urkunden findet man gelegentlich Hinweise auf *Waldsachsen* bei Stadtlengsfeld (manchmal: Waldschassen [4], Bayerhof bei Waldsachsen [5]). So schreibt im Jahr 1834 Albrecht Freiherr von Boyneburg-Lengsfeld (1785 - 1868): „*Johann von Hornsberg, der als ein Sohn von Bolkenrad I. erscheint, erhielt fuldaische Lehne zu Heringen und Waldsachsen bei Lengsfeld 1396.*" [1]

Was hat Sachsen mit Stadtlengsfeld zu tun?

Wer von den heutigen Einwohnern kann sich darauf einem Reim machen? Vermutlich nicht viele.

Mit Sachsen hat die Ortsbezeichnung tatsächlich nichts zu tun[3]. Das Wort „Sachsen" ist eine Verballhornung des Wortes „Sassen". Dazu gibt es zwei Deutungen. Die erste bringt das Wort mit „Sasse" in Verbindung. Das ist eine flache Erdmulde, die bekanntermaßen Hasen als Ruhelager und zur Deckung nutzen. Die zweite Deutung leitet sich von „Sassen" ab, eine veraltete Bezeichnung für Bewohner (vergleiche Hinter-, Frei-, Bei- oder Insasse). Letztere ist der wahrscheinlichste Ursprung des Wortes „Sachsen", zumal in alten Urkunden oftmals beide Nen-

---

[3] Ein Waldsachsen bei Coburg wurde 1317 im Neustadter Erbbuch urkundlich erwähnt. Die Siedlung hat schon vor mehr als 1.000 Jahren existiert. Wie aus alten Folianten hervorgeht, lag Waldsachsen damals an einer der bedeutendsten Reichsstraßen Karls des Grossen. Das war eine Verkehrsader mitten durch Deutschland, die von gefangenen und in den heimischen Wäldern angesiedelten Sachsen instandgehalten werden musste. So wird auch der Name des Ortes gedeutet, den besagtes Erbbuch als Besitz der Grafen von Henneberg ausweist. [3]

nungen – Waldsachsen und Waldsassen – für den gleichen Ort zu finden sind.

Die Bezeichnung „Elsaß" kann man ebenfalls mit diesem Wort „Sassen" assoziieren. Sie erscheint erstmals zu Beginn des 7. Jahrhundert in der sogenannten Fredegar-Chronik. Hier ist einmal eine einfache Ableitung von dem Rhein-Nebenfluß III (Illsaß >>> Elsaß) zu finden. „Elsaß" kann aber auch als Kompositum von *ali* („fremd") und *saß* („Sitz") gedeutet werden. Die germanische Herkunft des Wortes scheint allemal sicher zu sein.

Es gibt übrigens in Deutschland eine Vielzahl von Orten, die Waldsachsen, Waldsassen oder ähnlich heißen.
Mit dem Niedergang der frankensteiner Dynastie im 13. Jahrhundert nutzt das Kloster Fulda die Chance, sein Territorium auf das Feldatal auszuweiten. 1317 bis 1318 verkauft Ludwig von Frankenstein die Dörfer Haynau und *Waldsassen im Burgbezirk von Lengsfeld*, ferner Untersuhl und Ottershausen sowie Einkünfte am Gericht Dermbach. Durch einen Kaufvertrag ist bekannt, daß die Brüder Andreas, Werner und Wolf von Wechmar noch 1491 den Zehnten zu Waldsachsen und Greutingshausen an Philipp Tym verkauften. [6]

Auf die oben genannten Beschreibungen bezieht sich vermutlich auch die Lengsfelder Sage von den „Fliegenden Knaben":

.... *„An dem nach Dietlas sich hinziehenden Ausläufer des Baier, so erzählt der dreiundachtzigjährige Häusler Hermann von der Aue auf der Hohenwart, weideten an einem schönen Herbstabend auf einer Waldblöße bei der Wüstung Waldsachsen drei Knaben aus Lengsfeld ihre kleine Rinderherde..."* [2]

In der Sage ist der Ort schon nicht mehr existent. Man spricht von einer Wüstung, das heißt Waldsachsen ist offensichtlich untergegangen, aus Gründen, die wir nicht mehr nachvollziehen können. Möglicherweise beschäftigten sich Bewohner mit der Köhlerei, denn unweit des Dorfes befindet sich das soge-

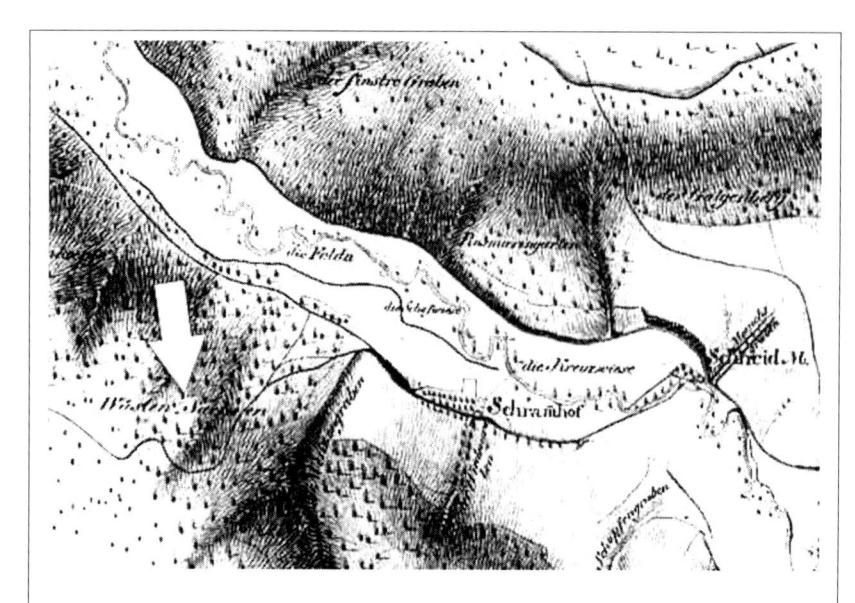

Abbildung 1: Ausschnitt aus einer historischen Karte von 1823; Pfeil weist auf die die ehemalige Lengsfelder Siedlung „Wüstensachsen" hin; Quelle: [7]

nannte Köhlersgehege. Es ist noch immer eine bekannte Flurbezeichnung von Lengsfeld.

Dennoch sind wir nach intensiver Suche endlich fündig geworden. Die Wüstung Waldsassen ist noch auf einer alten Landkarte des „Großherzoglichen Partrimonial Amtes Lengsfeld" aus dem Jahr 1823 verzeichnet (vergleiche Abb. 1).

Die Siedlung müsste am Weg zwischen dem heutigen Stadtlengsfeld und Martinroda gelegen haben. Früher konnte man bequem vom Schrammhof über den Menzengraben (wo bis vor kurzer Zeit noch die Kali-Förderschächte standen) oder über die Kesselbrücke auf den bewaldeten Bergrücken gelangen.

Eine südwestlich gelegene Lichtung vor den Hahnenköpfen könnte die plateauartige Stelle gewesen sein. Auf modernen Satellitenaufnahmen kann man dort eine atypische Waldstruktur ausmachen. Mit etwas Glück sind sicherlich noch Relikte jener Besiedlung zu finden. Hobby-Archäologen sollten sich einmal auf den Weg machen…

Kohl oder Kohle

Rolf Schlegel & Rolf Leimbach

Wenn man sich mit der Geschichte von Stadtlengsfeld befasst, dann kommt man unwillkürlich mit Flurnamen in Berührung, die uns so gar nicht mehr geläufig sind – zumindest vielen jüngeren Lengsfeldern. Einer von diesen Flurbezeichnungen ist die „Kohlgrube". Sie ist auf einer alten Landkarte des „Großherzoglichen Partrimonial Amtes Lengsfeld" vermerkt. Ein Ausschnitt dieser Karte aus dem Jahr 1823 ist diesem Text beigefügt.

Neben dieser Bezeichnung findet man auf älteren Karten vor allem die Namen „Kohlgraben" (das Tal vor der Kohlgrube) und „Kohlgrabenwand" (der Berghang dahinter). Die Gebiete gibt es heute noch und findet sie am Waldbeginn des Alleeweges bzw. unterhalb der Landstraße L1120 von Stadtlengsfeld nach Hämbach (Link-Chaussee), am Waldanfang.

Denjenigen die sich mit der Ortsgeschichte befassten, war der „Kohlgraben" als Wüstung geläufig. Es ist die Bezeichnung für eine Siedlung oder Wirtschaftsfläche, die vor der Neuzeit aufgegeben wurde, an die aber noch Flurnamen, Reste im Boden oder örtliche mündliche Überlieferungen erinnern. Zeiten, in denen viele Siedlungen durch Bevölkerungsrückgang aufgegeben wurden, nennt man Wüstungsperioden. Auch in der Antike gab es Wüstungen.

Eine spätmittelalterliche Wüstungsperiode lag im 14. - 15. Jahrhundert. Ursachen waren u. a. Seuchen, Kriege, Fehden oder grundherrliche Umsiedlungen.

Im Jahr 1506 kauft Ludwig von Boineburg, Schwiegersohn und Erbe des jüngeren Philipp von Herda, um den Preis von 647 Gulden Gehaus (damals: *Gehäuß*). Letzteres war im Besitz des Hans von Reckerodt. [1]

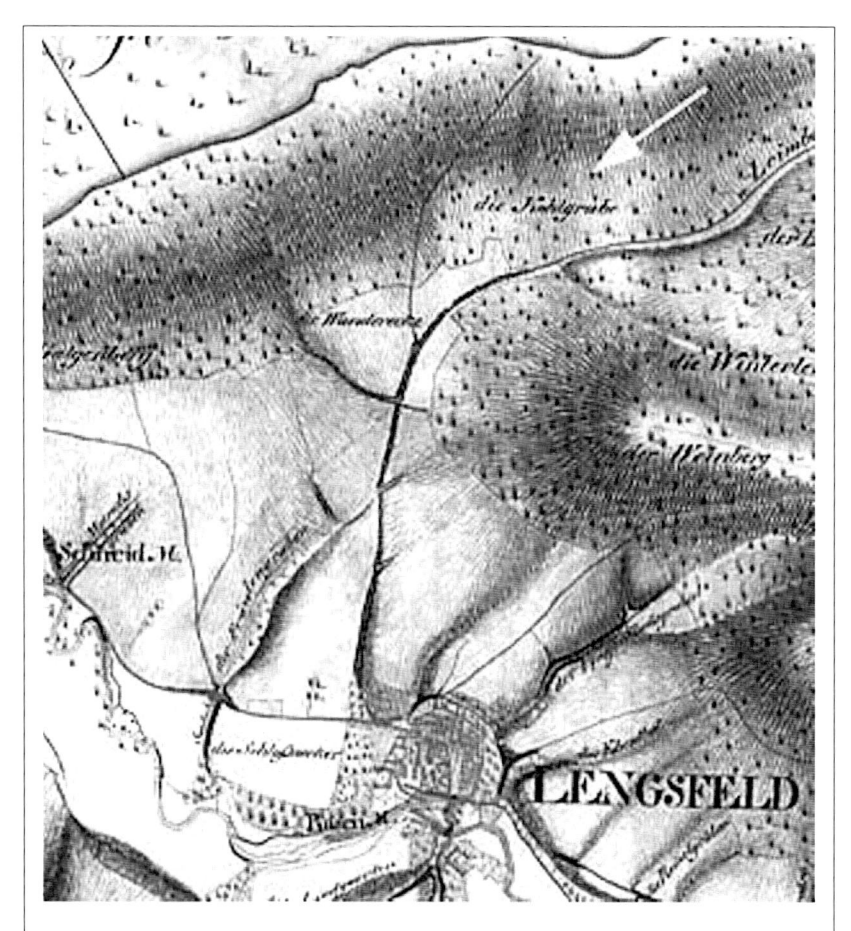

Abbildung 1: Ausschnitt aus einer historische Karte von 1823; weißer Pfeil weist auf mögliche Lage der Kohlgrube hin; Quelle: [2]

Bis um die Zeit von 1523 (Lehensurkunde) bringt Ludwig schrittweise neben anderen Lehnsgütern und Pfandschaften die gesamte Herrschaft Lengsfeld unter seine Gewalt. Er wird so Grundherr über Lengsfeld, Weilar, Gehaus, Bayersstrut (o. Bayersbrut), Bayershof, Schrammenhof (vermutl. Vorwerk der

Burg Lengsfeld im 13. Jahrhundert) sowie die Wüstungen „Kohlgraben", „Fischbach", „Altenrod" und „Hohenwart". In einer boineburgschen Chronik, die der Lengsfelder Rektor der Schule Albert Bönicke verfasste, ist aufgezeichnet, dass es um 1516 noch 6 Bauernhöfe am „Kohlgraben" gab, die später wüst gingen.[3]

„Kohlgräben" und „Kohlgruben" gibt es in der Rhön und in deutschsprachigen Landen nun nicht selten. Eine weitere „Kohlgrube" (vergleiche Karte von 1787, inklusive „Kohlgraben") ist, noch nicht einmal 5 km von der Lengsfelder entfernt. Jener Kohlgraben befindet sich etwa auf halber Strecke zwischen Wölferbütt (früher: Steinfeld) und Willmans. Am 10. August 1330 wurde das Gehöft erstmals urkundlich erwähnt. [7] Dort gibt es noch immer eine Hofreite, wo u. a. der Künstler, Valentin Richard (Riccardo) Dölker (1896 - 1955), lebte. Er war Grafiker und Textilgestalter und gilt als Erfinder der Batik-Malerei. In den 1930er Jahren wurde er durch seine Motivreihe „Capri-Fischer" berühmt.

Übrigens der Vat~~ d~~ ~~weiten~~ Ehefrau, Anna Christine Heim (*8. 10. 1905, ~~~~~~~~~~~~~~~~~~~~~~~~ ~~rnmanns~~ Augu~~t~~ Reissig (1902 - ~~~~~~ war der Schnei~~~~~~ Lengsfelder mit jenem „~~~~~~ Limburg (1800 - 1863) war Pächter des Königrabens.

Die Siedlungsreste am wölferbütter Kohlgraben sind ebenfalls Teil einer mittelalterlichen Wüstung. Gegenüber dem Lengsfelder „Kohlgraben" sind diese bereits auf alten fuldaischen Karten markiert und passen eigentlich besser zu der Aufzählung der boinburgschen Wüstungen (vergleiche Abb. 2). Es sind allesamt Wüstungen, die sich westlich der Felda befinden! Man könnte somit annehmen, daß es sich bei der um 1523 genannten Wüstung „Kohlgraben" nicht um die Lengsfelder, sondern Wölferbütter handelt.

Abbildung 2: Ausschnitt aus einer zeitgenössischen Karte von 1789 bzw. 1847 mit Darstellung des Kohlgrabens bei Wölferbütt als dörfliche Ansiedlung

Wie dem auch sei – was hat es nun mit der „Kohlgraben" in Lengsfeld auf sich? Erste Vermutungen, daß in dem fruchtbaren Tal, dem „Fräuleinsgraben" folgend, früher einmal Gemü und Kohl angebaut wurden, sind unwahrscheinlich.

Sprachgeschichtlich kam das Wort „Kohl" sehr spät i̇r ̇ɘ Rhön – viel später als die Flurbezeichnung entstand. „Ko' .eitet sich wahrscheinlich vom rotwelschen „*kohler*" ab, wɐ ̇ ̇o viel wie "Hunger" bedeutet. In alten Zeiten war offens dich Hunger

72

immer mit Kohl verbunden. In deutschen Gefilden des Mittelalters war der Weißkohl (lateinisch *Brassica oleracea* convar. *capitata* var. *alba*) als Weißkraut, Weißkabis, Kaps, Kappus, Kabis oder Kraut bekannt. Das vor allem im Rheinland und Ruhrgebiet geläufige Wort „Kappes" ist über die Form *„caputium"* aus dem Lateinischen *„caput"*, der Kopf, entstanden.

Folglich ist der „Kohlgraben" weder mit Hunger noch mit Kohl in Verbindung zu bringen. Es ist eher das Brennmaterial, was zu dem Namen führte. Die Germanen nannten Holzkohle *„kula(n)"*. Über zahlreiche Lautwandlungen wie *„kul"* (mittelhochdeutsch) *„kolo"* (althochdeutsch) oder *„kole"* (altfriesisch) wurde daraus „Kohle". Die Kohle ist nun aber wieder mit unzähligen Abwandlungen und Wortbedeutungen besetzt worden. Deshalb ist noch nicht klar, ob der „Kohlgraben" mit z. B. Torf, Holzkohle oder vielleicht Braunkohle (!) in Verbindung gebracht werden muß. Das wird in einem folgenden Artikel erörtert (Holz- oder Braunkohle).

Holz- oder Braunkohle

Rolf Schlegel & Rolf Leimbach

Wie in dem vorhergehenden Artikel bemerkt worden ist, gibt es in der Lengsfelder Flur einen Namen, der auf Kohle hindeutet. Die sog. Kohlgrube befand sich am Alleeweg, nahe dem Waldrand und war bereits im 13. Jahrhundert bekannt.

Nun ist aber Kohle nicht gleich Kohle. Als Kohle bezeichnete man in alten Zeiten alles was dunkel, schwarz sowie mehr oder weniger fest war und sich verbrennen ließ. Es konnte hochwertiger Torf oder minderwertige Braunkohle sein, bis hin zu Steinkohle. Letztere kommt aber in der Rhön aus geologischen Gründen nicht in Frage. Zunächst sollte man aber an die Köhlerei denken. In waldreichen Gebieten, wozu die Rhön in alten Zeiten sicherlich gehörte, war es nicht ungewöhnlich, dass Holzkohle hergestellt wurde. Noch bis in die 1980er Jahre gab es eine Köhlerei nahe Kaltennordheim. Holzkohle entsteht, wenn lufttrockenes Holz unter Luftabschluss auf ~275 °C erhitzt wird. Mit der gleichen Methode kann man auch Torf zu Torfkohle umwandeln. Torf- wie Holzkohle waren in früheren Jahrhunderten recht verbreitet. Sie dienten der Erzgewinnung, der Herstellung von Schwarzpulver oder wurde in Schmiedefeuern und Glashütten genutzt.

Zu Beginn der Eisenzeit, vor mehr als 2.000 Jahren, erlebte die Köhlerei in Mitteleuropa ihre erste Blüte. Sie wurde zur Eisenverhüttung gebraucht, die ab dem 11. Jahrhundert durch den steigenden Bedarf an Eisenprodukten und den Bau und Ausbau von Burgen und Befestigungen eine stetige Ausdehnung erfuhr. Die Hämmer und Schmieden zur Weiterverarbeitung des Metalls benötigten große Mengen an Holzkohle. Der Bedarf an Holzkohle der frühen Bergwerks-Industrie führte ab dem 16. Jahrhundert zur großen Blütezeit der Köhlerei und damit zu einem wahren Raubbau an den Wäldern.

Es ist somit denkbar, dass am „Kohlgraben" in Lengsfeld einst Holzkohle produziert wurde. Der Standort war windgeschützt und in der Nähe eines Baches. Wahrscheinlich standen an diesen Plätzen Kohlemeiler, um die sich später Siedlungen aus Katen herausbildeten. Es müssen aber nicht immer Meiler gewesen sein. Es gibt Belege, dass nur Erdgruben zur Verkohlung genutzt wurden, wenn es z. B. das Gelände hergab. Solche Gruben wurden mit Holz befüllt, in der Mitte zum Anzünden ein Schacht ausgespart und mit Farnen sowie Erde abgedeckt.

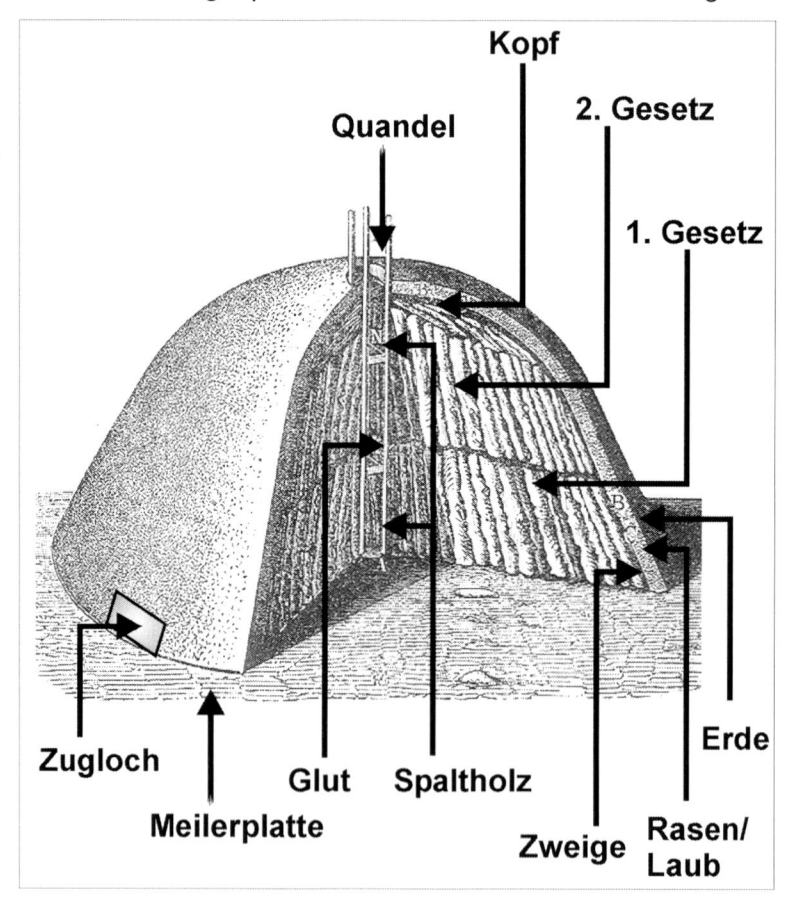

Abbildung 1: Schema eines im Mittelalter üblichen Kohlemeilers zur Herstellung von Holzkohle; Quelle: R. Schlegel, 2013

Nach zehn Stunden war der Verkohlungsprozess abgeschlossen. Das tiefeingeschnittene Tal des heutigen Kohlgrabens wäre auch dafür prädestiniert gewesen. Und nicht nur dafür.

Ein Kohlenmeiler ist ein mit Erde, Gras und Moos luftdicht bedeckter Holzhaufen, der von einem Köhler in Brand gesetzt wird, um Holzkohle zu erzeugen. Die Hitze des glimmenden Holzes im Innern des Meilers treibt alle flüssigen und organischen Bestandteile als Rauch aus dem Holz. Es bleibt zu rund 98 Prozent nur das Kohlenstoffgerüst der Holzzellen zurück. Das Relikt eines Kohlenmeilers, wie es oft in Wäldern der Rhön zu finden ist, heißt Meilerplatz. Aus 100 kg Holz können ca. 20 kg Holzkohle gewonnen werden.

Der Holzkohlemeiler wird ebenerdig, möglichst an einem Ort nahe einem Gewässer zum späteren Löschen in Form eines Kegels gebaut vergleiche Abb. 1). Zu Beginn wird ein Schacht (Quandel) aus Stangen errichtet, die senkrecht in den Boden gelassen werden. Rundherum werden ca. 1 Meter lange Holzstücke aufgeschichtet. Darauf kommt ein Dach aus trockenem Laub, Heu oder Stroh. Zum Abschluss wird der Meiler mit Erde, Gras und Moos luftdicht verschlossen. Über den Schacht wird der Meiler entzündet. Die Aufgabe des Köhlers ist es nun, über die folgenden Tage oder Wochen den Meiler weder erlöschen noch ihn durch zu viel Luftzufuhr abbrennen zu lassen. Dazu bohrt und verschließt er Löcher an der Oberfläche. Durch die Beobachtung des Rauches bzw. dessen Farbe muss der Köhler erkennen, ob zu viel oder zu wenig Luftzufuhr herrscht. Nach der vollständigen „Garung" des Inhaltes wird der Meiler mit Wasser abgelöscht. Gelingt dies nicht vollständig, so verbrennt die zuvor entstandene Holzkohle innerhalb kürzester Zeit unter großer Wärmeentwicklung. Die dabei entstehende Hitze ist so groß, dass eine Annäherung an den Meiler unmöglich wird.

Wurde im Kohlgraben auch Braunkohle gefunden und abgebaut?

Das ist ein kühner Gedanke, denn auch dafür bedarf es Täler oder sonstiger Geländeeinschnitte, in denen sich vor vielen Millionen Jahren pflanzliche Reste ablagern und verkohlen konnten. Die Rhön ist auch sehr lange für Braunkohlevorkommen bekannt, die auch abgebaut wurden. Man unterschied schon früh je nach Qualität zwischen Bast-, Nadel-, Muschel-, Erd-, Moor- oder Pechkohle. Am „Bauersberg" bei Bischofsheim (Rhön) wurde nachweislich schon um 1521 Braunkohle abgebaut, sog. Braunkohlensandstein. [1] Ein weiteres Beispiel ist der südliche „Windberg" bei Kaltennordheim, wo zwischen 1700 und 1900 Braunkohle gefördert wurde. 1780 besuchte sogar der Weimarer Herzog die neu angelegten Bergwerksanlagen. Es gab drei Schächte, die bis zu 24 Meter tief waren. Es arbeiteten sechs Bergleute vor Ort. Die Kohle wurde überwiegend an die Salinen von Schmalkalden und Salzungen geliefert. Zwischen 1858 und 1877 wurden rund 300.000 Zentner Kohle gewonnen. Im Auftrag des Herzogs Carl August wurde auch J. W. Goethe als Staatsminister mehrfach zur Kontrolle dorthin beordert. Ein Lengsfelder Bürger, Commerzienrath Samuel Löb Rosenblatt (1817 - 1895) war seit 8. Oktober 1865 Besitzer der Grube „Carl August". 1883 gab es sogar Kohle-Aktien, die man als Geldanlage kaufen konnte. [2]

Abbildung 2: Schematische Darstellung der geologischen Schichtung in der Kuppenrhön; Quelle: modifiziert nach [5]

Noch am 26. Juli 1834 wurde bei einem schweren Gewitter am „Eisgraben" bei Hausen in der Rhön, Braunkohle freigeschwemmt. Ähnliches kann man vom Dietrichsberg berichten. Der Bergmann und Wünschelrutengänger, P. Hoffmann, vermerkte erst 1947 den Nachweis von sog. Blätterkohle. [3] Der Dietrichsberg liegt von der „Kohlgrube" in Lengsfeld noch nicht einmal 6 Kilometer entfernt! Selbst an der Westflanke des Baier, das heißt in Richtung Gehaus gab es ein reiches Braunkohlenlager [6]. Das berichtete Balthasar Spiess noch 1867.

Die Entstehung von Braunkohle liegt erdgeschichtlich im Tertiär. Das ist lange nach dem Karbon, der Steinkohlezeit, vor ca. 350 Millionen Jahren. Es folgten unter anderen noch Zechstein, die Zeit des Muschelkalkes, des Buntsandsteins und der Kreidezeit, die den Dinosauriern folgte. Wie sah die Rhön vor dem Tertiär aus? Sie war von einem variszischen Faltengebirge bedeckt. Das war größer als die heutigen Alpen und ist mehr als 350 Millionen Jahre alt. Es wurde aber wieder abgetragen und in der Gegend zwischen Bad Kissingen und Meiningen entstand im Perm eine tiefe Senke. Diese überflutet ein Meer, das mehrmals austrocknete und Zechsteinsalzlager hinterlassen hat. Darauf lagerte sich das Rotliegende, der Buntsandstein und Muschelkalk ab. Der aufmerksame Lengsfelder kann diese Gesteine überall noch in der Landschaft erkennen.

Vor 70 Millionen Jahren war die ganze Rhön eine flache Senke geworden, die mit Seen durchsetzt war. An ihnen wuchs eine üppige Natur. Über schlammigen und tonigen Schichten am Grund der Seen sammelte sich abgestorbene Vegetation, die zu den bekannten Mooren und zur Braunkohle wurde. Nach dieser recht ruhigen Periode folgte durch Druck im Erdinneren ein intervallartiger Vulkanismus, der glutflüssiges Magma im Zeitraum von 15 Millionen durch die Erdkruste beförderte (Oligo- & Miozän, v. 50 - 31 Millionen Jahre). Die Rhön-Vulkane waren aber kein „wutschnaubenden Ungeheuer" wie der Ätna auf Sizilien, sondern eher „friedliche Riesen". Von Ausnahmen abgesehen kam es nicht zu Lava-, sondern lediglich zu Ascheausbrüchen (vergleiche Abb. 2). Das Magma drückte in die Sedimentschichten. Erst später erschienen durch Erosion die für die Rhön typischen Basaltkuppen.

Moderne Kernbohrungen belegen, dass das durchteufte Gebirge aus Basalt, Tuffen, Kohlen und Kohletonen besteht. In dieser Schichtenfolge ist die Braunkohle in einzelnen Flözen von unterschiedlicher Mächtigkeit (8,10 bis 0,05 m) zur Ablagerung gekommen. Im Jahr 1956 erbrachten von elf Kernbohrungen neun Kohle. Die Kohle ist von erdiger Beschaffenheit und durch Tonbeimengungen stark verunreinigt. Es sind keine zusammenhängenden Kohlebecken vorhanden, die Bildung der Kohle ging in einzelnen kleinen, voneinander getrennten Tümpeln vor sich. Der Zusammenhang der Flöze wurde manchmal durch Basaltintrusionen getrennt. Mancherorts treten sie bis an die Oberfläche.

Gab es nun Braunkohle in Lengsfeld? Die Frage ist noch nicht sicher zu beantworten. Dennoch verdichten sich Hinweise darauf. Schon in einer alten Lengsfelder Sage über „fliegende Knaben" steht geschrieben: [4] An dem nach Dietlas sich hinziehenden Ausläufer des Baier, so erzählt der dreiundachtzigjährige Häusler Hermann von der Aue auf Hohenwart, „weideten an einem schönen Herbstabend auf einer Waldblöße bei der Wüstung Waldsachsen drei Knaben aus Lengsfeld ihre kleine Rinderherde. Als die Sonne nur noch den hohen Gipfel des Baier beleuchtete, gedachten die Knaben, *„ein Feuer anzuzünden, und stachen zu diesem Zwecke den Rasen aus"*. Bei dieser Gelegenheit äußerte einer der Knaben: *„Ach, wenn wir doch nur ein solches Stück Eisenkuchen hätten,......"*. Die Wüstung „Waldsachsen" haben die Autoren des Artikels schon gefunden.

Kohlhepp wandert aus

Rolf Schlegel

Der Name „Kohlhepp" ist den meisten Leuten nicht sehr geläufig. In der Tat – er ist recht selten und kommt noch am häufigsten in Südhessen vor.

Eine Heppe (auch Hippe) ist ein Werkzeug, das je nach Größe und Ausführung zu unterschiedlichen Arbeiten in der Land- und Waldwirtschaft, im Wein- und im Gartenbau verwendet wurde und noch wird. Typisch ist die sichelförmig geschwungene Klinge mit einer mehr oder weniger nach unten gebogenen Spitze.
Wenn der Autor als Kind mit dem Vater zum Baier ging, um im Herbst wilde Haselnüsse zu ernten, hatten wir immer eine „Riessheppe" dabei. Das war das besagte hakenförmige Messer an einer Bohnenstange befestigt, um die Haseläste hernieder zu ziehen. Möglicherweise bezieht sich die Kohlheppe auf ein Werkzeug, mit dem man wohl Kohl schnitt.

Die regionale Häufung des Namens „Kohlhepp" im südhessischen und badischen Raum, wo viel Gemüse angebaut wird, könnte mit dem Werkzeug in Beziehung gebracht werden. Allerdings gibt es noch eine weitere Deutung: In der Würzburger Region bezeichnet man so eine Heuschrecke, was im Namen aus dem Mittelhochdeutschen so viel wie hüpfender oder unruhiger Mensch bedeuten soll.

Vor 200 Jahren gab es auch eine Färberfamilie Kohlhepp in Lengsfeld. In den Unterlagen findet man einen Johann Christoph Kohlhepp, der mit Anna Elisabeth Abbe (*19. 1. 1788, +9. 12. 1867) verheiratet war und wohl auch aus Hermannsroda (heute: Leimbach bei Salzungen) stammte. [3]

Er war vermutlich einer der vielen Färber, die es seinerzeit gab. Lengsfeld war ein Ort der Weber und mehrerer Gewerke, die damit verbunden waren. Die Leinenweberei, zumeist in Form eines winterlichen Nebenverdienstes, war noch zu Beginn des 19. Jahrhundert außer der Landwirtschaft der wichtigste Wirtschaftszweig.

Soviel wir wissen wanderte der Sohn von Johann Christoph, Friedrich Johannes Kohlhepp (*28. 1. 1826, Lengsfeld), im Herbst 1852 mit etwa 26 Jahren über Salzungen nach Nordamerika aus (vergleiche Abb. 1). An seiner Seite war die Ehefrau. Sein erster Sohn, Johann, wurde noch in Deutschland geboren (*11. 3. 1852 - 17. 7. 1852 Großen Linden/Hessen), während die erste Tochter, Amelia Louise, am 6. 4. 1855 bereits in Manayunk, Philadelphia, Pennsylvania (USA), zur Welt kam. Friedrich ist wahrscheinlich über Boston, Massachusetts, eingereist. Er erwarb nach einiger Zeit ein Grundstück im Jamaica Plain – einem Stadtteil von Boston. In der Brookside Avenue 99 wohnte er mit seiner Frau, Maria Elisabeth Benedikte Wetzler (*23. 1. 1823 Meerholz/Hessen, +Jun. 1905 Boston, MA) und sechs Kindern mehr über 40 Jahre. Maria heiratete er bereits in Deutschland – am 11. 3. 1849 in Großen Linden/Hessen.

Abbildung 1: Johannes Friedrich Kohlhepp (1826 - 1912); Quelle: [5]

In der Nachbarschaft seines amerikanischen Wohnhauses betrieb er eine Färberei. Er kam zu bescheidenem Wohlstand, zu welchem ihm auch das Färben von Uniformen für die Bostoner

Soldaten während der Mitte des Amerikanischen Bürgerkrieges verhalf (1860 - 1862). Angeblich soll er sogar als erster ein Haarfärbemittel entwickelt und in den Staaten eingeführt haben.

Um 1858 wurde er Mitglied der Freimaurerloge „Morning Star Lodge" von Woonsocket, Rhode Island, der er 54 Jahre angehörte. Neben der Großloge von Massachusetts war er in der „Eliot Lodge" aktiv. Letztere richtete auch seine Beerdigung aus. Er starb in seinem Haus an einem Donnerstagmorgen kurz vor seinem 85. Geburtstag am 24. Jan. 1912 (Abb. 8). Er hinterließ fünf Töchter (Anna, Amelia, Elisabeth, Constance, Ernestine) und ein Sohn (Fred) (vergleiche Abb. 2).

Abbildung 2: Johann F. Kohlhepps Kinder, vier Mädchen, um 1885; Quelle: [5]

Der einzige, noch lebende Sohn Frederick John (gen. Fred) wurde am 13. 2. 1862 in Chelsea, Sussex, MA, USA, geboren. Er ging in eine Privatschule von Boston, wo man halb Deutsch und halb Englisch unterrichtete. Mit dem Vater kam er nicht gut zurecht, da er das Färbereigeschäft verabscheute (vergleiche Abb. 3). Mit 17 Jahren wurde er sehr krank. Der Arzt führte die Erkrankung auf die feuchte Bostoner Luft zurück und mutmaßte, Fred würde nicht älter als 20 Jahre werden. Daraufhin beendete er die Schule. Nunmehr durchlebte er seine wilde und abenteuerliche Zeit. Er ist immer unterwegs gewesen – meist gen West und auf dem Pferderücken. Er arbeitete auf Rinderfarmen oder in Holzfällerlagern von Wisconsin/Minnesota. Angeblich war er sogar bei einer Schlacht nahe dem Fort Custer in Montana zugegen, als eine große Anzahl von Soldaten durch die Indianer getötet wurde.

Mit 24 Jahren (1886) kam er nach Utah, nachdem sein Pferd an einer Weggabelung gerade diese Richtung eingeschlagen hatte! In der Siedlung „Tool" begann er in einer Mine zu arbeiten. Obwohl Pater Guilliand, ein Methodisten-Minister, ihm ständig riet, sich von den Mormonen fernzuhalten, war die Liebe stärker. Fred traf eines Tages Ella Hickman beim Kirchgang in North Ogden. Schon sechs Tage nach der Heirat (16. 10. 1886) konvertierte er zu den Methodisten. Neun Monate später wurden beide im Logan Temple getraut. Er starb mit 57 Jahren im September 1919 an Schwindsucht, einer Krankheit, an der er seit seiner Kindheit litt (siehe oben).

Abbildung 3: Fred J. Kohlhepp (1862 - 1919), Quelle: [5]

Entgegen dem Wunsch des Vaters wurde er neben seiner bäuerlichen Tätigkeit Hohepriester in der „Kirche Jesu Christi – der

Heiligen der letzten Tage". Mehr als 20 Jahre diente er als Haus-Missionar in Malad, wohin er täglich von American Falls fuhr. Er predigte in vielen umliegenden Gemeinden und abgelegenen Tälern von Idaho, im äußersten Norden der USA. Zudem war er Gemeindesekretär in Neely und American Falls. Es gibt Belege, dass nicht nur Fred, sondern auch Ella, seine Gattin, in sog. Sonntagsschulen von America Falls unterrichteten, wie u. a. in der „Neeleyville Sunday School" (vergleiche Abb. 4). In Idaho heiratete er im Jahr 1886 Mary Ella Hickman, die wohl gebildet war (an der „Sacred Heart Academy", Idaho), lyrische

> NEELEYVILLE SUNDAY SCHOOL began September 15, 1882, with an enrollment of 4 officers and teachers and 13 pupils. The enrollment has since increased to 14 officers and teachers and 72 pupils. The school convenes in the district schoolhouse of Neeleyville, Oneida County, Idaho.
>
> Following are names of successive officers:
>
> Superintendents—William Neeley, from September 15, 1882, to January, 1883; Austin Brown, from January, 1883, to October, 1885; J. J. Sorensen, from October, 1885, to December, 1886; S. H. Higgenbotham, from December, 1886, to December, 1889; Henry Bartholomew, from January, 1890, to June, 1892; G. W. Stanger, from June, 1892, to August, 1896; Fred Kohlhepp, from August, 1896, to July, 1899; Joseph C. Wood, from July to December 31, 1899.

Abbildung 4: Faksimile der Anzeige der „Neeleyville Sunday School", die 1882 gegründet wurde und wo Fred Kohlhepp als Superintendent August 1896 bis Juli 1899 aufgeführt ist; Quelle [2]

Werke sowie Lieder verfasste, sich um die Traditionen der ansässigen Shoshoni-Indianer bemühte, noch im fortgeschrittenen Alter Englisch an der Universität von Utah studierte und nach dem Tod ihres Mannes 1920 ganz nach Salt Lake City übersiedelte. Sie heiratete nochmals, George Albert Martineau aus Logan. Ihr wurden sogar wahrsagerische Kräfte zugestanden, wie folgende Geschichte zeigt:

Nach der Hochzeit wohnten sie zuerst bei der Mutter in Ogden/Utah (Eda und Fred jun. wurden hier geboren), später siedelten sie in Plain City von Utah, wo Sohn Moses geboren wur- wurde. Von hier aus erwarben sie ein Gehöft ca. sechs Meilen südlich von American Falls. Die erste Zeit war hart für beide: Sie lebten von weniger als einem Dollar die Woche, wo ein Zentner Kartoffeln mehr als 50 Cent kos-

Abbildung 5: Faksimile des Amerikanischer Pass von F. J. Kohlhepp – Nr. 1076, ausgestellt am 16. 8. 1905. So ein Dokument war wenig spektakulär. Neben dem Namen enthielt er nur eine physische Charakterisierung, das Landessiegel und die Erlaubnis ins Ausland zu reisen: Alter 43 Jahre; Größe 5 Fuß+11 engl. Inches; Augen braun; Nase gerade; Mund mittel; Kinn schmal; Haar braun-grau; Teint dunkel; Gesicht lang; Unterschrift; Quelle: [2]

teten. Nur weil Fred ein guter Schütze war und es Kaninchen ohne Ende gab, kam gelegentlich Fleisch auf den Tisch. Ihr Haus lag nur knapp über Indian Springs auf dem Cold Creek.

Am Warm Creek gründete man ein Bewässerungsunternehmen, um mittels Holz-Gerinne Trinkwasser zu allen Häusern der Neeley-Region zu leiten. Jede Familie konnte Aktien kaufen. Dennoch kam es um das Wasser zu vielen Streitigkeiten in der kleinen Gemeinde am Snake River.
Frau Kohlhepp prophezeite, wenn sie nicht aufhören zu streiten, würde es nicht lange dauern und Fremde übernehmen das Land. Falls sie jedoch friedlich zusammenarbeiten, würde das ganze Land zwischen Neeley und Rockland zu einem blühenden Kornfeld. Die Leute lachten sie aus, weil sie sich nicht vorstellen konnten, dass hier jemals Getreide wächst. Zur gleichen Zeit baute die „Oregon Shortline Eisenbahn" eine Strecke durch American Falls. Der Ort wurde umgehend zu einem Umschlagplatz für Weizen. Obstgärten entstanden und endlose Reihen von Pyramidenpappeln wurden zum Windschutz gepflanzt.

Die Kohlhepps errichteten sich ein Blockhaus mit einem graswachsenen Dach. Vater Kohlhepp war ein Tulpennarr und pflanzte sie jährlich vor seinem Haus. Bald wuchsen aber auch Tulpen auf dem Dach, sehr zur Verwunderung der Nachbarn. Bei der Vielzahl seiner Zwiebeln warf er nämlich oftmals die überzähligen aufs Dach! Bald wurde auch trockentoleranter Weizen angebaut. Fred war der erste der Siedler Idaho's, der es mit solchem Weizen (erfolgreich) versuchte.
Die Landwirtschaft wurde so einträglich, dass man 1899 begann, eine neue Kirche zu bauen, die schon 1904 fertig war. So wurden Frau Kohlhepps prophezeienden Worte wahr.

Die harte Arbeit in der Landwirtschaft hat die Familie dennoch ziemlich ausgezehrt. Fred war nebenher für die Eisenbahn in Pocatello tätig, anfangs halbjährig, später ganzjährig. Dabei erlitt er einen Unfall, bei dem er einseitig erblindete und den Rücken verletzte. Er verlor dadurch die Arbeit. Seine Frau musste mit 5 Kindern wieder zeitweise in Ogden (Utah) bei ihrer Mutter verbringen. Als sie 1894 zur Farm zurückkehrten, hatten andere Siedler sie sich teilweise angeeignet. Es kam erneut zu Problemen, die Ella wiederum meisterte. Später am 16. Juni brannte auch noch ihr Haus ab, während Fred in Ogden im Krankenhaus lag. Die Brand-Versicherung zahlt 300 $, der

Schaden belief sich auf 1.500 $, einschließlich eines wunderbaren Klaviers.

Man sagte Fred Kohlhepp nach, dass er das Evangelium mit seinen Kindern lebte und lehrte und den schönen Dingen des Lebens zugetan war. Er war stets Gentleman, ordentlich und sauber angezogen. Er ging nie ohne Mantel aus. Wahrscheinlich war das noch eine Gewohnheit aus seiner Zeit in Boston, wo er zur Schule ging. Diese Gewohnheit scheint aber auch in den rauen und ländlichen Gegenden von Idaho und Arizona von Nutzen gewesen zu sein. Seine Töchter waren immer stolz darauf, sich mit ihrem Vater sehen zu lassen. Er war schon früher ein großer Geschichtenerzähler, erst recht als sein Kinder vor ihm saßen. Sein Fundus an „stories" schien unermesslich, eingedenk seines bewegten Lebens.

Abbildung 6: Annalee Kohlhepp-Skarin (1899 - 1988), Quelle [5]

Auf Grund seiner Meriten, seiner deutschen Sprachkenntnisse und seiner Treue, wurde Fred noch mit 43 Jahren im Dienste seiner Kirche nach Deutschland und in die Schweiz geschickt, um zu missionieren. Es liegt ein Dokument vor, aus dem hervorgeht, dass er erst 1905 einen amerikanischen Pass erhielt (vergleiche Abb. 5). Der Pass diente einer Missionsreise nach Deutschland (siehe unten) Fred und ein Begleiter reisten mit einem Dampfer namens „S. S. Arabic II" via Liverpool (England) an. Es gibt ausführliche Kirchenbücher, die diese Reise beschreiben. [4] Fred Kohlhepp hatte den Auftrag, das Evangelium zu verkünden und weitere Gemeindemitglieder in Deutschland (unter anderem in der Kölner Region) zu gewinnen. Zusammen mit einem Mitstreiter, Bruder Frank V. Anderson (18 Jahre alt), hatten sie reichlich Abenteuer zu bestehen, um der damaligen deutschen Polizei zu entgehen. Sie waren dennoch erfolgreich in der Gewinnung von Konvertiten.

Eine seiner Töchter, Minerva Bernetta Kohlhepp (*28. 8. 1888, North Ogden, Utah), zeichnete 1959 ein Bild von ihm, welches beigefügtem Foto sehr nahe kam. Sie war Kunststudentin am Chicagoer „Art Institut", wo sie drei Jahre bis 1912 blieb. Später (um 1915) jobbte sie – wie man heute zu sagen pflegt – als Sonntagslehrerin, um sich das Studium in New York an der „Art Students' League" zu finanzieren.

Eine Zeitungsanzeige im „*Liahona: The Elders' Journal*" weist darauf hin (vergleiche Abb. 7). Hier lernte sie auch einen jungen Mann kennen, Hermann Teichert. Sie beschrieb ihn als „sanften Cowboy, der gerne im Mondlicht wilde Pferde jagt".

> Brooklyn:—Milton F. Dalley, Pres., 400 Chauncey St., Brooklyn, N. Y.
> The New York Branch is extremely fortunate in having among its membership so many of the Utah students, who willingly and cheerfully lend their time and talents to the furtherance of the cause. The different organizations have been re-organized previous to commencing the winter's work. Joseph F. Tomsdorf has been sustained as branch president with J. S. Sears and H. J. Hartvigsen as counselors. The Sunday School officers are Bro. Melvin Peterson superintendent, Walter P. Monson Jr., and Allan R. Cutler Jr., assistants, Iris Ritter secretary, Melvin Peterson chorister with Heber Hancock assistant, Venna Monson organist, Dr. R. S. Olsen and Minerva Kohlhepp teachers, and Lafayette Monson librarian. Bros. Rollo Calloway, Richard Smurthwaite and E. L. Skidmore constitute the superintendency of the M. I. A., Prof. N. K. Nelson teacher, and Vivian Eccles secretary.

Abbildung 7: Faksimile des Beleges aus d. „*Liahona: The Elders' Journal*", 6. 11. 1915, von Brooklin, New York, mit Hinweis auf Minerva Kohlhepp; Quelle: [2]

Mit ihm war sie eine Weile liiert. Fünf Kinder entsprossen dieser Liaison. Früher arbeitete sie als Dienstmädchen bei einer reichen Familie in San Franzisco. Hier kam sie erstmals in Kontakt mit Museen und Kunstgalerien und entschied sich die „Mark

Hopkins Art School“ zu besuchen. Das Geld reichte nicht lange und sie kehrte zurück auf die elterliche Farm. Erst mit 19 Jahren konnte sie nach Chicago gehen.

Ein anderer Zeitungsausschnitt des „California Missionsblatt“ von 1920, weist auf eine zweite herausragende Schwester hin, Annalee Kohlhepp (*7. 7. 1899, American Falls, Idaho, + 17. 1. 1988, Red Bluff, Tehama, California) (vergleiche Abb. 6). Es geht daraus hervor, dass sie kurz nach dem Tod des Vaters in einer kirchlichen Mission in Kalifornien diente und darauf in San Pedro arbeitete (zusammen mit La Rue Munk. [2]

Ähnlich Minerva wurde sie als Literatin bekannt. Sie war die Enkelin des legendären „Wild Bill" Hickman, ein beliebter „New Age“ bzw. metaphysischer Autor.

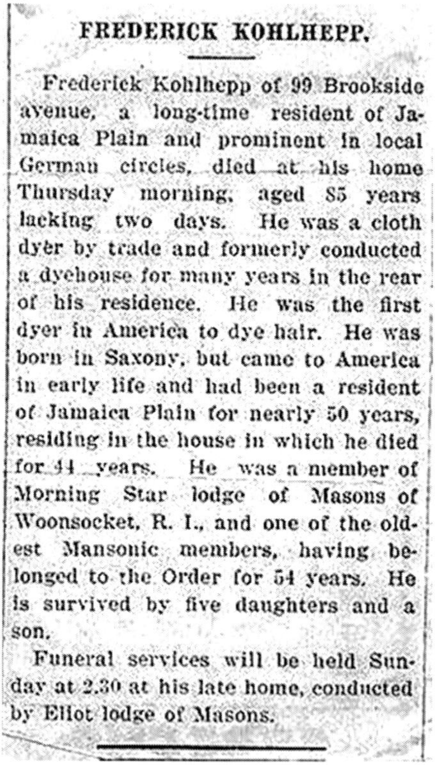

FREDERICK KOHLHEPP.

Frederick Kohlhepp of 99 Brookside avenue, a long-time resident of Jamaica Plain and prominent in local German circles, died at his home Thursday morning, aged 85 years lacking two days. He was a cloth dyer by trade and formerly conducted a dyehouse for many years in the rear of his residence. He was the first dyer in America to dye hair. He was born in Saxony, but came to America in early life and had been a resident of Jamaica Plain for nearly 50 years, residing in the house in which he died for 44 years. He was a member of Morning Star lodge of Masons of Woonsocket, R. I., and one of the oldest Mansonic members, having belonged to the Order for 54 years. He is survived by five daughters and a son.

Funeral services will be held Sunday at 2.30 at his late home, conducted by Eliot lodge of Masons.

Abbildung 8: Faksimile der Todesanzeige von 1912 von Johann F. Kohlhepp; Quelle: [5]

Sie schrieb acht Bücher, die nicht nur in Amerika, sondern auch darüber hinaus bekannt sind. Auf Grund ihrer religiösen Ansichten, wurde sie exkommuniziert. Sie war dreimal verheiratet. Aus zwei Ehen stammen fünf Kinder.

Heute ist die Familie, die auf den Lengsfelder Färber Johann Friedrich Kohlhepp zurückgeht, über ganz Amerika und Australien verstreut. Es gibt eine Vielzahl von Familien, die diese Wurzel hat.

Rebellion

Rolf Leimbach & Rolf Schlegel

Im Jahre 1862 verklagte der Gutsbesitzer Dr. med. August Enders zu Lengsfeld den Apotheker Christian Müller ebenfalls zu

Abbildung 1: Das Gebäude der Lengsfelder Apotheke, um 1950; Quelle: R. Leimbach; der Apotheker Christian Müller (~1780 - 1841) erwarb am 1. 3. 1805 das Grundstück „Am Kälbergarten 65" von Christian Waitz sowie Daniel Döll; der Sohn geriet über die Abgabenzahlung in Konflikt mit August Enders

Lengsfeld beim Großherzoglichen Sächsischen Kreisgericht in Eisenach. [1] Müller weigerte sich seit 1848 die lehnsherrlichen Gefälle, d. h. die Abgaben an den Grundherren, dem Gutsbesitzer Enders zu entrichten.

Der Apotheker Müller hatte tatsächlich 1805 ein Haus mit Grundstück als Lehen (= geliehenes Gut) des Freiherrn von Müller erworben. Das ist die heutige Apotheke.

Somit war er zur Entrichtung von Abgaben an den Lehnsherrn verpflichtet, was er bis 1848 auch getreulich tat. Diese Abgaben bestanden jährlich aus
- vier Reichstalern Dienstgeld,
- zwei Forstwartsfuhren,
- zwei Michaelishühnern,
- einer Gans zu Martini.

1848 stellte der Apotheker Müller die Zahlungen ein.

Woher rührte diese „Dreistigkeit"?

Wir müssen uns in diese Zeit zurückversetzen. Damals erzwangen die Einwohner von Lengsfeld, Weilar und Gehaus von den Freiherren von Boineburg und von Müller in einer offenen Rebellion unter anderem die „billige Ablösung der lehnsherrlichen Gefälle". Diese frohe Botschaft wurde in jenen Tagen im Ort „bei der Schelle" ausgerufen. Das war eine amtliche Be-

> Es brodelt in Deutschland. Revolutionäre Ideen sickern aus Frankreich ein. Literaten wie Heinrich Heine und Georg Büchner – unruhige Geister – schreiben gegen das Althergebrachte. Es kommt zu Unruhen, die in der Revolution von 1848 gipfeln. In der Rhön ziehen sich die jungen Männer zur Fastnacht hölzerne Masken übers Gesicht, tragen Gewänder, die den ganzen Körper verhüllen, um nicht erkannt zu werden. So vermummt, protestieren sie gegen herrschende Zustände, spotten, kritisieren. Die in der Rhön verwendeten geschnitzten Holzmasken sind einzigartig. In gewissem Sinn sind die Rhöner Fastnachtsmasken Gesichter der Revolution.

kanntmachung, die mündlich mit einer Schelle angekündigt sowie ausgerufen wurde. Bis in die 1950 Jahre war das noch in Stadtlengsfeld üblich. Friedrich Meister (1904 - 1988) war als Gemeindediener dazu bestellt und wohl der letzte seiner Zunft.

Was geschah in jenen Tagen des Jahres 1848 in Lengsfeld?

Weimar, den 27. Februar 1848

An diesem Tag erhält der Hofkapellmeister Franz Liszt (1811 - 1886) Post. Darin enthalten sind Nachrichten aus Paris. Dort wurde am 24. 2. 1848 der „Bürgerkönig" Louis Philippe von Orlèans gestürzt und die sog. „Zweite Republik" ausgerufen.

Ein unmittelbarer Vorbote der Aufstände im damaligen Zentraleuropa war das Krisenjahr 1847, dem eine schwere Missernte 1846 vorausging. 1845/46 vernichtet eine Kartoffelkrankheit fast die gesamte Ernte dieses Hauptnahrungsmittels. Die Missernten der vergangenen Jahre haben zudem die Verschuldung der Landbevölkerung in bedrohlicher Weise anwachsen lassen. In der Bauernschaft gärt es, als der Staat daran geht, zur Abdeckung von Steuerschulden das Vieh aus den Ställen zu holen. In den deutschen Staaten hatte all dies eine allgemeine Verteuerung der Lebensmittel zur Folge, es kam zu Hungersnöten und Hungerrevolten in fast allen deutschen Staaten und Regionen. Es bedurfte nur noch eines Anstoßes, dass Erbitterung, Missmut und Unzufriedenheit in Gewalt umschlagen. Viele auch ärmere, von vorindustrieller Massenarmut betroffene Bevölkerungsschichten wie Arbeiter, verarmte Handwerker, Landarbeiter usw. schlossen sich bedingt durch ihre soziale Not den Forderungen demokratisch und liberal gesinnter Bürger an.

Ein Aufstand der Pariser Arbeiter scheiterte blutig. Am Hofe des Großherzogs und unter den Bürgern von Weimar verbreiteten sich diese Neuigkeiten wie ein Lauffeuer. Drei Tage später schwenken Studenten in Jena auf öffentlichen Straßen und Plätzen die Trikolore und sie singen die „Marseillaise".
Schon in den ersten Märztagen hatten diese Neuigkeiten auch das letzte Dorf in Thüringen erreicht. Das will etwas bedeuten, bedenkt man den Stand der Nachrichtenübermittlung jener Tage. Einer der ersten Orte, in denen Bürger, Bauern und Arbeiter mit klar formulierten Forderungen die Allmacht des

Adels brechen wollten und in überraschend klugen Erklärungen die Wurzeln der immer mehr um sich greifender Verelendung der gesamten Bevölkerung offen legten, war die Stadt Lengsfeld mit den Gemeinden Weilar und Gehaus.

Lengsfeld, den 7. März 1848

In einer Volksversammlung, an der Einwohner der drei Gemeinden teilnahmen, wurden Forderungen an die Freiherren von Boineburg und von Müller erhoben, die 141 Anwesende unterschrieben:

- Aufhebung der Patrimonialgerichtsbarkeit[4],
- billige Ablösung der lehnsherrlichen Gefälle,
- Einräumung des Streuzeugholzes,.
- billige Holzpreise,
- freie Schafhaltung.

Mehrere Teilnehmer forderten, die Grundherren nötigenfalls mit Gewalt zur Annahme dieser Forderungen zu zwingen.

Lengsfeld und Weilar, den 9. März 1848

Einwohner der drei Orte zogen gemeinsam vor die Schlösser der Freiherren von Boineburg und von Müller und verlangten die Annahme ihrer Forderungen. Jene Grundherren bewilligten diese schließlich aus Angst vor Gewaltausbrüchen auch gegen ihre eigene Person. Anschließend erzwangen die

---

[4] Grundherrschaft; der Grundherr übte u. a. Verwaltungsfunktionen aus (Polizei, Gericht); bestimmte über seine Untertanen in religiösen und besitzrechtlichen Fragen; entschied über die Religionszugehörigkeit und Geistlichkeit, Abhängigkeitsverhältnisse reichen von reinen Pachtverhältnissen bis zu Leibeigenschaft

Demonstranten beim Amtmann Carl Solbrig die Aufhebung der Patrimonialgerichtsbarkeit und die Entlassung aller wegen Waldfrevel inhaftierten Personen. Die Menschenansammlung wuchs auf über 500 Personen.

Diese Menge zog weiter nach Weilar und vereinigte sich mit den Einwohnern von Weilar und Gehaus, sodass vor dem Schloss des Emil von Boineburg nun etwa 1000 Menschen versammelt waren. Eine Deputation der Demonstranten, angeführt vom Postexpeditor Johannes Handschuhmacher[5], dem Schneider Johann Adam Xylander und dem Metzger Adam Pertermann[6], legte Emil von Boineburg eine Petition vor. Die Forderungen waren mit der Herabsetzung des Lehngeldes und der Abtretung der Bier- und Schankgerechtigkeiten an die Gemeinden erweitert worden. Boineburg wurde gezwungen, diese Forderungen auch im Namen seiner Brüder und Vettern anzuerkennen, was er aus Angst um seine eigene Sicherheit auch tat.

Lengsfeld, den 13. März 1848

„...Am 13. März 1848 schien es in Lengsfeld zu denselben Vorfällen kommen zu sollen, die sich am 12. und 13. desselben Monats in Salzungen ereigneten. Ein starker Zug von Männern, größtentheils aus den Arbeitern in der von Eichelschen Kammfabrik zu Lengsfeld bestand, bewegte sich an jenem Tage durch die Straßen von Lengsfeld, angeführt von dem Postmeister Handschuhmacher und dem Wirth Adam Pertermann." [1]

---

[5] Sein Grabstein wurde bei der Erneuerung der Lengsfelder Leichenhalle 1955 gefunden; der Bauleiter hat diesen Grabstein sinnigerweise in das Fundament der Halle eingelassen. Er ist so bis heute allen zugänglich. [3]

[6] Die Familie Pertermann war in Lengsfeld eingesessen und angesehen. Ausführliche Angaben finden sich in nachstehendem Artikel

Hier zeigt sich eine neue Qualität des Aufstandes. Erstmals beteiligen sich nicht nur Untertanen der Patrimonialherren von Boineburg und von Müller, sondern auch Arbeiter der hiesigen Kammfabrik. Letztere befand vermutlich auf dem Gelände der ehemaligen Porzellanfabrik und gehörte dem Kaufmann und Eisenacher Fabrikanten Sebastian Eichel.

Über die Lebensverhältnisse der Arbeiter äußerte sich einst der Amtmann C. A. Solbrig: *"...die sich nun vorzugsweise von Kartoffeln, Branntwein und Kaffee „Surrogat" nähren. Durch diese Nahrungsweise sind die Meisten kraftlos geworden, dass sie nicht einmal in die Kammfabrik hier, welche dem Kaufmann Eichel zu Eisenach gehört, arbeiten können. Überdies ist wegen mangelnden Warenabsatzes die Zahl der Kammfabrikarbeiter dermaßen bedeutend verringert."* [1]

Bleiben wir zunächst bei den Ereignissen des 13. März:

"Es waren mehrere Hundert Mann. Aus diesem Zug, bezüglich diesen Volkshaufen, begab sich eine sog. Deputation in das Schloss, bezüglich in die Wohnung der Frau Christiane von Müller. Diese Deputation bestand aus dem Postmeister Handschumacher, Daniel Xylander, dem Juden Salomon Backhaus und dem Juden Sandel Rosenblatt, sämmtlich aus Lengsfeld, und noch einigen Anderen. Sie hätten die unter sig: ... abschriftlich anliegende Petition mit zur Stelle gebracht."

Wieder zeigt sich Neues. Erstmals beteiligen sich Juden am Aufstand gegen die feudale Belastung, obwohl diese davon eigentlich nicht direkt betroffen waren. Aber die jüdischen Mitbürger spürten, dass der wirtschaftliche Aufschwung, ohne die Beseitigung des Feudalsystems nicht kommen konnte.

Damals lebten etwa 500 Juden in der Stadt. Darunter waren nicht wenige, die sich unternehmerisch betätigen wollten.

Lassen wir noch einmal den Amtmann Carl Eduard Solbrig zu Wort kommen, der sich zur Lage der Juden wie folgt äußerte:

„...*Was die hiesigen Juden anbelangt, deren Zahl etwa 1/3 der Einwohnerschaft beträgt, so sind dieselben nach und nach bedeutend zurückgekommen. Sie müssen als kirchliche Gemeinde jährlich gegen 800 - 1000 rl. Kultussteuer aufbringen und um dies zu vermögen, greift die Mehrzahl derselben zu unerlaubten Mitteln, veranlasst die Frauen und Kinder der Christen ihnen dies und jenes zu verkaufen und fügt den Christen durch versteckten Zinswucher auch sonst nicht unbedeutende Nachtheile zu. Dabei glaube ich doch, dass die Judenschaft hier, falls ihr nicht auf irgend eine Weise geholfen wird, bald zu Grunde geht, auch sind schon eine Menge verarmte Judenfamilien hier und in Gehaus. Hauptsächlich ist es der Trödelhandel und Schacher wodurch die Juden den ärmeren Christen jederzeit Gelegenheit geben, auch die unentbehrlichsten Lebensmittel z.B. Betten, Kartoffeln, Kleider, Früchte etc. zu veräußern...*" [1]

Die oben erwähnte Petition muss uns auch noch aus anderen Gründen interessieren. Sie belegt, dass dieser Aufstand nicht aus dem „Bauch heraus" zustande kam. Sie basierte auf einer wohlüberlegten Analyse der bestehenden politischen und wirtschaftlichen Verhältnisse. Sie geißelte das Feudalsystem als Hemmschuh für die weitere wirtschaftliche Entwicklung.
Das Patrimonialrecht verhinderte die Entfaltung eines Bürgertums, welches ihre Geschicke in die eigenen Hände nehmen will. Die Petition geht weit über die Forderungen der vergangenen Tage hinaus, denn sie verlangt die Überführung des Feudalbesitzes an Wald und Gewässern in Gemeineigentum zum Wohle der sozial Schwachen, Abschaffung aller Feudalabgaben, freies Huth- Schaf- und Triftrecht, die Wahl des Bürgermeisters durch das Volk ohne Vorrechte der Patronatsherren.

Die Petition wurde letztendlich von allen Boineburgs und Rechtsnachfolgern derer von Müller unterschrieben.

Und weil das für den Prozess des Dr. Enders gegen den Apotheker Fuchs bedeutsam ist, geben wir die Erklärung der Frau Auguste Trümpert, geborene von Müller, hier zu Papier:

„Es wird hiermit den hiesigen sowohl den Weilarer und Gehauser Einwohnern versichert, dass alle rückständigen lehnherrlichen Gefälle insoweit wir dazu berechtigt sind erlassen sein wie auch für die Zukunft, wenn wir in den Besitz der Güter kommen, keine lehnherrlichen Gefälle mehr. Sie mögen Namen haben wie sie wollen, in Anspruch nehmen wollen, vielmehr sollen diese für immer erlassen sein. Auch die uns etwa betreffenden Antheile rückständiger Amtskosten sollen voraus erlassen sein. Urkundlich unsere eigenhändigen Namensunterschriften
Lengsfeld, dem 13. März 1848
Auguste Trümpert,
geb. v. Müller,
Lucie v. Müller,
E. Waitz als Vormund des Fräulein Lucie von Müller" [1]

Etwa eine Woche später wurde im Schlossgarten zu Weilar ein Brief gefunden:

„Wenn nicht binnen 10 Tagen die Einwilligung der Petition von ihren Brüdern Boyneburg schriftlich da ist, so wird das Schloss sammt den zugehörigen in einen Misthaufen verwandelt und die Gemeindewaldung gleich in Beschlag genommen.
Angeschlagen im Namen 14 Verschworener." [1]

Am selben Tage wurde Emil von Boineburg in Weilar gezwungen, auch die Petition zu unterzeichnen. Als Wortführer der Demonstranten wird der Lengsfelder Jude S. Backhaus genannt. Auch die Weilarer hatten ihr revolutionäres Vorbild, wie zum Beispiel jenen Johann Valentin Heinrich PAUL, der

1736 in Weilar geboren wurde und 1780 am Fischbacher Galgen wegen Wildfrevel starb. Wirklich gestorben ist er ja nie, der Rhön-Paulus.

Lengsfeld, Weilar und Gehaus im April 1848

Die Bevölkerung kommt nicht zur Ruhe. Dazu tragen die Nachrichten aus anderen Gegenden bei. Der Aufruhr loderte überall im Lande. Die Presse tat schon damals, was sie konnte, um mit reißerischen Artikeln die Stimmung einmal auf der einen, dann wieder auf der anderen Seite anzuheizen. Übertreibungen waren da wie üblich an der Tagesordnung.

In Weilar und Gehaus drangen nicht selten an einem Tage 30 bis 40 Lehens- und Zinsleute ein, legten dem Grundherren die Lehnbriefe und Erwerbsurkunden vor und forderten ihn auf, mit Unterschrift auf alle seine Rechte zu verzichten.

Viele Einwohner drangen in die herrschaftlichen Wälder ein und fällten willkürlich Bäume. Emil von Boyneburg in Weilar wurde aufgefordert, seinen Förster Glückner zu entlassen. Geschähe das nicht, würde man ihn totschlagen. Glückner hatte wohl in der Vergangenheit so manchen weilarer Holzfrevler angezeigt oder die Hunde auf ihn gehetzt. Es kam sogar vor, dass Einwohner von Gehaus und Weilar die Rückzahlung der Abgaben von Emil von Boineburg erzwangen.

Es schien, als hätte das Volk seine Forderungen durchgesetzt. Ende gut, alles gut? Mitnichten.

Die Stadt Lengsfeld wird besetzt

Inzwischen ist in Weimar bei der Großherzoglichen Regierung eine Anzeige aus dem Amtsgerichtsbezirk Lengsfeld eingegangen. Dem sicheren Vernehmen nach [2]

- wurde die Ruhe und Ordnung erneut gestört,
- wurden Majestätsbeleidigungen ausgesprochen,
- geschah Hausfriedensbruch und Erpressung,
- wurden Morddrohungen ausgestoßen,
- wurde Brandlegung angedroht,
- plante man öffentliche Demonstrationen,
- waren die Vertreter des Staates und des Rechts in der Stadt unfähig, die Sicherheit und Ordnung wiederherzustellen und zeigten sich teilweise mit den Unruhestiftern solidarisch.

Das war starker Tobak. Da stand für Weimar viel auf dem Spiel. Hier musste schnell und energisch gehandelt werden. Die Rädelsführer sind zu verhaften, namentlich ein gewisser Handschumacher, er sei der gefährlichste, andere sind zu ermitteln und sofort nach Eisenach zu bringen. Von dort sollen dann die Untersuchungen weiter geführt werden.

Am 1. Mai 1848 gegen 5.00 Uhr verließen 100 Soldaten unter dem Befehl des Hauptmannes Oskar von Reineck zu Fuß die Stadt Eisenach. Sie bewegten sich in voller Feldausrüstung auf der alten Handelsstraße, die einst Frankfurt/Main mit Erfurt verband, in Richtung Förtha, weiter nach Marksuhl, Dönges und Kieselbach. Kurz vor Kieselbach wurde die Kolonne von einer Kutsche eingeholt, in der sich der Stadtrichter A. Trunk aus Eisenach und ein Sekretär befanden. Aus der Truppe gesellte sich jetzt noch ein Leutnant aus Weimar zu den Insassen der Kutsche. Kurz vor Dorndorf wird ein nächster Halt befohlen.

Aus Vacha stoßen nun noch einmal 100 Soldaten zu der Abteilung. Sie werden von den beiden „Lieutenants" Adolf von Buttlar und Ludewig von Boineburg aus Stedtfeld befehligt.

Nun ist die Absicht der Großherzoglichen Landesregierung erfüllt, mit einem *„... möglichst starken Militärcommando nach Lengsfeld..."* [2] vorzurücken und die Stadt zu besetzen. Dennoch soll die Kommission die Untersuchung so führen, dass sie sich hauptsächlich oder nur gegen die Anführer richtet und Kollisionen mit der übrigen Bevölkerung möglichst vermieden werden.

"Da, wo die letzte Bergesecke die Stadt Lengsfeld verbirgt, wurde Halt gemacht, mit dem Herrn Hauptmann von Reineck dahin Abrede getroffen, dass das gesamte Militär bis auf erhaltener Nachricht, dass es einrücken möge, warten solle und es verfügte sich die Kommission sofort allein nach Lengsfeld." [2]

Die dreiköpfige großherzogliche Kommission findet die Stadt und ihre Bürger in der größten Ruhe und Gelassenheit vor. Lediglich in der Hauptstraße, dem heutigen Obertor, kamen den Beamten etwa dreißig Mann der Bürgerwache entgegen. Sie waren *"theils mit Flinten, theils mit Büchsen, theils mit Säbeln bewaffnet..."*. [2] Aber nicht der Kommission galt ihre Aufmerksamkeit und Ausschau, sondern einer Militärabteilung, die heute durch die Stadt nach Ostheim marschieren sollte, um dort ausgebrochene Unruhen zu dämpfen. Man habe zur Begrüßung auch Musik bestellt, diese aber soeben wieder nach Hause geschickt.
Den Lengsfeldern war ein solches Protokoll für eine nur dreiköpfige Kommission wohl doch zu kostspielig.

So begaben sich die Beamten ohne musikalische Begleitung zum *"Gasthof zur Sonne* (vergleiche Abb. 1), *welches zugleich Rathaus ist..."* [2]

Gegen zwei Uhr am Nachmittag marschierte das Militär in die Stadt ein und wurde auf einzelne Häuser zu fünf oder zehn Mann aufgeteilt. Das Protokoll berichtet von keinem einzigen Zwischenfall. Die Bürger zeigten sich offensichtlich sehr kooperativ.

Wer aber hatte die Lengsfelder, Weilarer und Gehauser in der Landeshauptstadt „angeschwärzt", sodass es zur amtlichen Anzeige kam? Auf diese Fragen geben die Akten keine Auskunft.

Vernehmungen am 1. Mai 1848

Die Kommission unter dem Vorsitz des Stadtrichters A. Trunk lädt zunächst den Lengsfelder Justizamtmann C. A. Solbrig vor. Er sei, so der Vorwurf, zu nachsichtig gegenüber den Rebellen gewesen. Mehr noch, ihm werden „zustimmende Äußerungen" zu den Ereignissen vorgehalten.

Solbrig nannte jedoch als Ursachen für die Unruhen die feudale Willkür der Freiherren von Boyneburg und von Müller, sowie die vielen lästigen Abgaben an die Gutsherrschaften.

In Lengsfeld hatte der Großgrundbesitz derer von Boyneburg und von Müller besonders krasse Auswirkungen. Land besitzende Bauern gab es hier so gut wie gar nicht, während in Gehaus und Weilar immerhin jeweils 17 - 20 Bauerngüter bestanden, die wenigstens spärlich zu einem Lebensunterhalt beitrugen.

Der Wald sei völlig im Besitz derer von Boineburg. Keinem Bürger war es zudem erlaubt, auf eigenem Grund und Boden ein Schaf zu halten und Wolle und Fleisch zum Lebensunterhalt einzusetzen. Nur der Gutsherrschaft allein stehe die Schäferei zu.

Solbrig nahm auch kein Blatt vor den Mund, als er die Zwangsversteigerungen geißelte, die immer mehr Einwohner von Haus und Hof vertrieb. Die Abgabenlast zwang die Untertanen zur Aufnahme immer größerer Kredite, zu deren Sicherheit sie nur ihren geringen Besitz einsetzen konnten. Wenn die Gläubiger dann ihr Geld einforderten, konnte sie sicher sein, eine Immobilie mehr zu besitzen. Den Unglücklichen blieb dann meist nur die Auswanderung.

Der Hass gegen die Gutsherrschaft, so Solbrig, werde auch dadurch immer größer, dass diese sich von den Leistungen zum Gemeinwohl wie den Wegebau und Wachdiensten immer mehr zurückziehen.

Gegen ihn, A. Solbrig, seien keine Drohungen ausgestoßen worden. Die wegen Waldfrevel eingesessen haben und die ich auf Verlangen frei lassen sollte, waren nicht bösartig, außer dem Daniel und Wilhelm Lindemuth zu Gehaus. Und überhaupt, der Förster Glückner aus Weilar und sein Unterförster und auch der Freiherr von Boineburg aus Weilar haben übermäßig viel Waldfrevel angezeigt.

Meist waren die Vergehen unbedeutend. Der Förster Glückner aus Weilar habe einmal seinen Hund auf einen solchen Holzsammler gehetzt. Die Herren von Boineburg aus Lengsfeld haben ihn zur Entlassung des Waldläufers Schleicher aus Weilar aufgefordert. Ja, dabei ist auch gedroht worden.
Ende März kamen 30 bis 40 Personen zu ihm, meist „Klopfer" aus Gehaus, und verlangten Pässe, weil sie als Arbeiter fort wollten. Keiner von ihnen hat dabei eine Drohung ausgestoßen. Allerdings kamen Ende April 20 bis 30 Leute auf einmal mit starken Knitteln (= Knüppeln). Sie verlangten die Beglaubigung einer Unterschrift aus den Amtsakten des Kammerherren Emil von Boineburg zu Weilar. Als er, A. Solbrig, ihnen aber die Nutzlosigkeit ihres Verlangens erklärte, nahmen sie davon Abstand.
An der freien Ausübung seines Amtes sei er niemals gehindert worden. Nur die Straßenpolizei konnte er nicht mehr gegen Demonstranten und Überschreitung der Polizeistunde in den Schänken einsetzen. Nunmehr ist in Lengsfeld eine Bürgerwehr gebildet worden. Die wird für Ruhe zu sorgen wissen.

Was er, Solbrig, über die Einwohnerversammlungen zu berichten weiß und welche Rolle dort der Handschumacher gespielt habe, wollte die großherzogliche Kommission noch in Erfahrung bringen. Da könne er, Solbrig, nicht zu viel sagen. Aufreizende Reden aber hat der Handschumacher nicht ausgestoßen!

Die Kommission begab sich anschließend abends um acht Uhr nach Weilar. Im Schloss zu Weilar ließ man sich beim Herrn Kammerherrn Emil von Boineburg anmelden. Dieser, 51 Jahre alt, und seine Frau Gemahlin Julie, geborene von Rixleben, 48 Jahre alt, beteuerten der Kommission, dass sie gerne bereit wären, sich noch heute Abend über die Vorfälle vernehmen zu lassen.
Nur aus Angst um das eigene Leben hätten sie alle die Verzichtserklärungen gemacht, nie aus freiem Willen. Emil von Boineburg nannte, nun völlig aus freiem Willen, der großherzoglichen Kommission alle jene Bürger, die ihm Ungemach angetan, indem sie die Herausgabe der Reverse (= Nichtigkeit) zu ihren Erwerbsurkunden erzwangen, die Rückzahlung schon eingezahlter Lehngelder sowie die Ausstellung von Verzichtserklärungen verlangten, z. B.:

- aus Weilar den Vorsteher Hossfeld, die Müller Kornrad Rodeck (der überhaupt ein Aufwiegler ist), Grah und Schnepf, der Ortsvorstand Meiss;

- aus Gehaus den Peter Klotzbach, Dietrich Schäfer, den Gärtner Johannes Müller, der Schultheiß Möller, der Sebastian Urban und die Vorsteher Leopold und Nennstiel;

- aus Lengsfeld außer den schon genannten Wortführern Postexpeditor und Amtswundarzt Handschuhmacher, den Metzger Pertermann, den Schenkwirt Xylander den Backhaus, und den Wagner Tenner.

Protokoll der Vernehmungen am 2. Mai 1848

*"Gegenwärtig H. Stadtrichter Trunk als Kommissar Stadtlengsfeld, den 2. Mai 1848
erschien in Folge mündlicher Einladung vor Großh. Kommissar Herr Nepomuk Ammand von Boineburg 56 Jahre alt von hier, und ließ sich wie folgt vernehmen:*

*Im März d. J. Datum weiß ich nicht mehr, kam ein Theil der Vorstände von hier unter welchen der Postexpeditor Handschuhmacher war sowie Vorstände von Weilar und Gehaus, erklärten, dass sich die Zeiten geändert hätten und dass die Feudallasten wegfallen müssen. Ich erklärte, dass ich bereit sei, die letzteren, soweit ich auch solche berechtigt sei, aufzugeben und die Grundherrlichen Gefälle und Feudallasten zu erlassen. Hierauf wurde mir von allen Anwesenden ein Hoch gebracht und alle zogen ab. Einige Tage danach kamen sie wieder und verlangten noch einige andere Zugeständnisse rücksichtlich der Schenk- und Braugerechtigkeit. Auch diese Zugeständnisse machte ich und so ging alles ruhig ab.
Es sind durchaus keine Drohungen gegen mich ausgestoßen, sondern ich habe in dem Betracht, dass die Einwohner meist arm sind, dass die Zeitumstände sich ganz umgestaltet haben, dass ohnehin jährlich bedeutende Kapazitäten verkommen, alle meine Zugeständnisse lediglich aus freiem Willen und keineswegs aus Furcht vor Unannehmlichkeiten gegeben, was ich hier ausdrücklich wiederhole."* [2]

Diese Aussage ist recht sehr bemerkenswert. Sie steht im völligen Widerspruch zu den Aussagen des Dr. med. August Enders, die er 1862 in Bezug auf die Verhältnisse im Jahr 1848 machte. Die Aussage wirft auf das Geschlecht derer von Boineburg in Lengsfeld, Gehaus und Weilar ein differenziertes Bild. Die Freiherren von Boineburg in Lengsfeld hatten wahrscheinlich erkannt und begriffen, dass ihr Festhalten an den überkommenen feudalen Verhältnissen den Ruin des gesamten

Bauernstandes bedeutet und sie letztendlich mit in diesen Strudel reißen würde.
Die Boineburgs in Weilar konnten sich nicht damit abfinden, ihre angestammten Privilegien aufzugeben. Sie zeigten sich unfähig, sich den neuen Verhältnissen anzupassen. Wenn Nepomuk Ammand von Boineburg bemerkt, „*dass ohnehin jährlich bedeutende Kapazitäten verkommen*", dann bemerkte er sehr wohl, welche Fesseln die alten Feudalverhältnisse den neuen Produktivkräften anlegten.

An dieser Stelle, so bemerkt das Protokoll, wird die Großherzogliche Kommission durch einen Meldereiter des Militärs zur sofortigen Flucht aus Lengsfeld aufgefordert,*"... , weil ein ungeheuer Volkhaufe von hier und allen benachbarten Gemeinden heran dringe und das Ärgste zu befürchten sei..."* [2]

Der Meldereiter hatte nicht übertrieben. In das Rathaus strömte eine große Volksmasse in höchster Erregung. Auf der Straße fanden sich unablässig weitere Menschen ein. Sie forderten den sofortigen Abzug des Militärs aus dem Ort.

Besonders die Gehauser Einwohner waren empört, dass man mit Hilfe des Militärs einige Personen der Vernehmung vorführen wollte. Das könnten sie ebenso gut mit ihrer Bürgerwehr besorgen.

Die Lengsfelder wiederum befürchteten die Belagerung und Besetzung ihrer Stadt durch Weilarer und Gehauser Einwohner. Die Anwesenheit des Militärs in der Stadt empfanden sie als Schmach. Sie waren selbst in der Lage in ihrer Stadt mit ihrer Bürgerwehr für Ruhe und Ordnung zu sorgen und die Großherzogliche Kommission in ihrer Arbeit zu unterstützen.

Das Militär aber muss weg!

Dem Kommissar gelang es, das Volk zu beschwichtigen. Er versprach, sich sofort per Stafette (= Eilbote) in Eisenach für den Abzug des Militärs einzusetzen. Daraufhin wurde ihm und dem Herzog ein dreifach donnerndes „Hurra" ausgebracht. Das Volk ging auseinander. Ruhe kehrte ein.

Am Nachmittag erschien auf Einladung Ludwig von Boineburg, 52 Jahre alt. Er kürzte die gesamte Prozedur der Vernehmung ab, indem er bat, dass ihm das Protokoll seines Vorgängers verlesen werde. Ja, genauso hätte es sich bei ihm auch abgespielt, keine Drohungen und freiwilliger Verzicht.

„Vorgelesen, genehmigt entlassen." [2]

Die Vernehmungen des Peter Klotzbach, des Johannes Müller, des Johann Georg Müller und Sebastian Urban, alle aus Gehaus und durch die Aussagen des Emil von Boineburg aus Weilar schwer belastet, ergaben ebenfalls ein völlig anderes Bild. Keine Drohungen, keine Gewalt. Das Protokoll beendet jede dieser Befragung mit

„Vorgelesen, genehmigt entlassen." [2]

Der Stadtrichter A. Trunk hatte keine Gründe gefunden, die irgendeine Verhaftung rechtfertigten. Er hätte sie wohl auch nicht gewagt. Der Menschenauflauf, den er nur mühsam beruhigen konnte, warnte ihn.

In einem Bericht an die Großherzogliche Landesregierung zu Eisenach spricht er sich, noch am gleichen Tage, dafür aus, das Militär sofort abzuziehen. Die Zerwürfnisse eines Teils der Einwohner mit ihren Gutsherrn könnten auf dem Zivilwege und gütlich beigelegt werden. Zudem hätten die Boineburgs in Lengsfeld erklärt, ganz freiwillig auf ihre bisherigen Rechte verzichtet zu haben.

Zwiespältiges Ende

Demgegenüber muss die Antwort der Regierung aus Eisenach für die Kommission enttäuschend gewesen sein. Es wurde nämlich verlangt, die Vernehmungen fortzuführen und die Rädelsführer zu verhaften. Das Militär soll selbstverständlich nicht abgezogen, sondern bei Bedarf noch einmal verstärkt werden.

An dieser Stelle enden die Lengsfelder Akten zu den Ereignissen von 1848. Ungeachtet dessen führten die Forderungen der Bürger von Lengsfeld, Weilar sowie Gehaus zur Abschaffung der Patrimonial-Gerichtsbarkeit im Amt Lengsfeld. Das geschah im Jahr 1850. Zuvor, am 28. März 1849, wurde ein Entwurf für eine neue Reichsverfassung vorgelegt. 28 Staaten des Deutschen Bundes ratifizierten die Vorlage, darunter auch alle thüringischen Staaten. Schon deshalb sind die Aktivitäten der Bürgerschaft einer historischen Anerkennung wert!

Die Pertermanns

Rolf Schlegel

Es gibt noch heute ein imposantes Fachwerkhaus am Dorfplatz von Wölferbütt (vergleiche Abb. 1), das zum Schlüssel für den Zugang zu einer interessanten Lengsfelder Familiengeschichte wurde.

In diesem kleinen Schulhaus wurde am 1. Dezember 1851 August Herbart als Sohn des Lehrers Johannes Herbart geboren. Seine Kindheit war zwar entbehrungsreich, aber harmonisch und anregend. Später besuchte er das Lehrerseminar in Eisenach. Er war hauptberuflich Turnlehrer und unterrichtete an der damaligen Sekundar- und Georgenschule, zeitweilig an der

Abbildung 1: Dorfplatz in Wölferbütt (Rhön) um 1920 mit dem Geburtshaus von August Herbart (1851 - 1936); Quelle: A. Herbat [1]

Charlotten- und Jakobsschule, bis zu seinem Ruhestand im Jahr 1915. August Herbart verstarb am 24. Oktober 1936 im Alter von 85 Jahren nach kurzer Krankheit in Eisenach.

Warum ist das erwähnenswert?

August Herbart war ein treuer Anhänger des Turnvaters Jahn (1778 - 1852) und leitete viele Jahre den Eisenacher Turnverein, dem auch der Dichter Fritz Reuter (1810 - 1874) angehörte. Er gründete den Thüringer Turnlehrerverein, setzte sich für einen einheitlichen Unterricht in ganz Deutschland ein und war maßgeblich an der allgemeinen Einführung des Mädchenturnens an den Schulen beteiligt. Er war Gründungs- und Ehrenmitglied des Rhönklubs. Im Nachruf auf Herbart kann man lesen:

„August Herbart ist zum ersten bedeutenden Mundartdichter der Rhön geworden, der die Leiden und Freuden dieses herben Menschenschlages in Poesie und Prosa gefaßt hat. Der treffsichere Humor und die leise verborgene Wehmut sind vor allem die Kennzeichen seiner großen dichterischen Begabung."

Die erste Auflage seiner Gedichtesammlung in Wölferbütter Mundart der „*Rhönklänge*" erschien 1887. Es erschienen zwei weitere Auflagen: 1917 und 1937, kurz nach dem Tod des Verfassers. August Herbart beschreibt in seinen Gedichten und Erzählungen vor allem das Leben der Menschen in der Rhön.

Zu Ehren des Mundartdichters wurde die Hauptstraße in Wölferbütt nach ihm benannt und am Dorfplatz, wo sein Geburtshaus stand, wurde eine Gedenktafel errichtet. [2]

August Herbat hatte eine Schwester. Diese Schwester Wilhelmine Frederike Margarethe (20. 10. 1846 - 23. 5. 1925) wurde in Zillbach geboren und war in erster Ehe mit dem Fleischermeister und Gastwirt „Zur Krone" Wilhelm Pertermann verheiratet.

Hier beginnt die ganze Geschichte zu den Pertermans.

Die Familie lässt sich gegenwärtig bis zu Anna Katharina Pertermann zurückverfolgen, die um 1667 in Lengsfeld geboren wurde. Sie starb am 6. 10. 1742 in ihrem Heimatort. Einer ihrer Söhne war Justius Pertermann, geboren um 1695 und gestorben am 18. 11. 1749 ebenfalls in Lengsfeld. Er diente als Jäger bei seinem Domherrn (Gebietsherr) Freiherr von Boineburg in Lengsfeld. Am 2. 5. 1719 heiratete er Ottilia Mäurer, die aus einer noch älteren Sippe von Lengsfeldern stammte (vergleiche Abb. 2). Deren Ahnentafel geht bis Kaspar Meyrer (Meurer) zurück, geboren um das Jahr 1590. Auch dieser ist schon im Lehenregister der Boineburgs geführt. Der Sohn Kaspars, Hermann, geboren um 1630, war Schneider und einer derjenigen, die in den Hexenprozessen von Lengsfeld im Jahr 1668 als Zeuge ausgesagte (vergleiche Marburger Protokolle [4]). Gegen ihn war sogar eine Zivilklage anhängig.

Aus der Ehe von Justius Pertermann mit Ottilia Mäurer u. a. geht Johann Adam hervor (20. 3. 1720 - 22. 12. 1790). Als Metzger, Heiligenmeister (= Gehilfe des Pfarrers), Zwölfter (= Rathsverwander, um 1789) sowie Gerichtsschöffe war er bereits eine sehr angesehene Person im Ort. Am 15. 1. 1743 heiratete er in erster Ehe Catharina Elisabeth Schlechtweg (2. 7. 1724 - 6. 3. 1759), in zweiter Ehe die einheimische Dorothea Christina Rittweger (3. 8. 1725 - 7. 8. 1785).

Aus der zweiten Ehe stammt u. a. der Sohn Johann Kaspar, 29. 10. 1766 - 4. 3. 1829). Wie sein Vater wurde auch er Metzgermeister. Am 4. 10. 1791 ehelichte er die Lengsfelderin Frederika Elisabetha Ernestina BÖHM (22. 3. 1771 - 12. 6. 1842). Zwei Söhne sind urkundlich erwähnt, Sebastian und Adam. Letzterer,

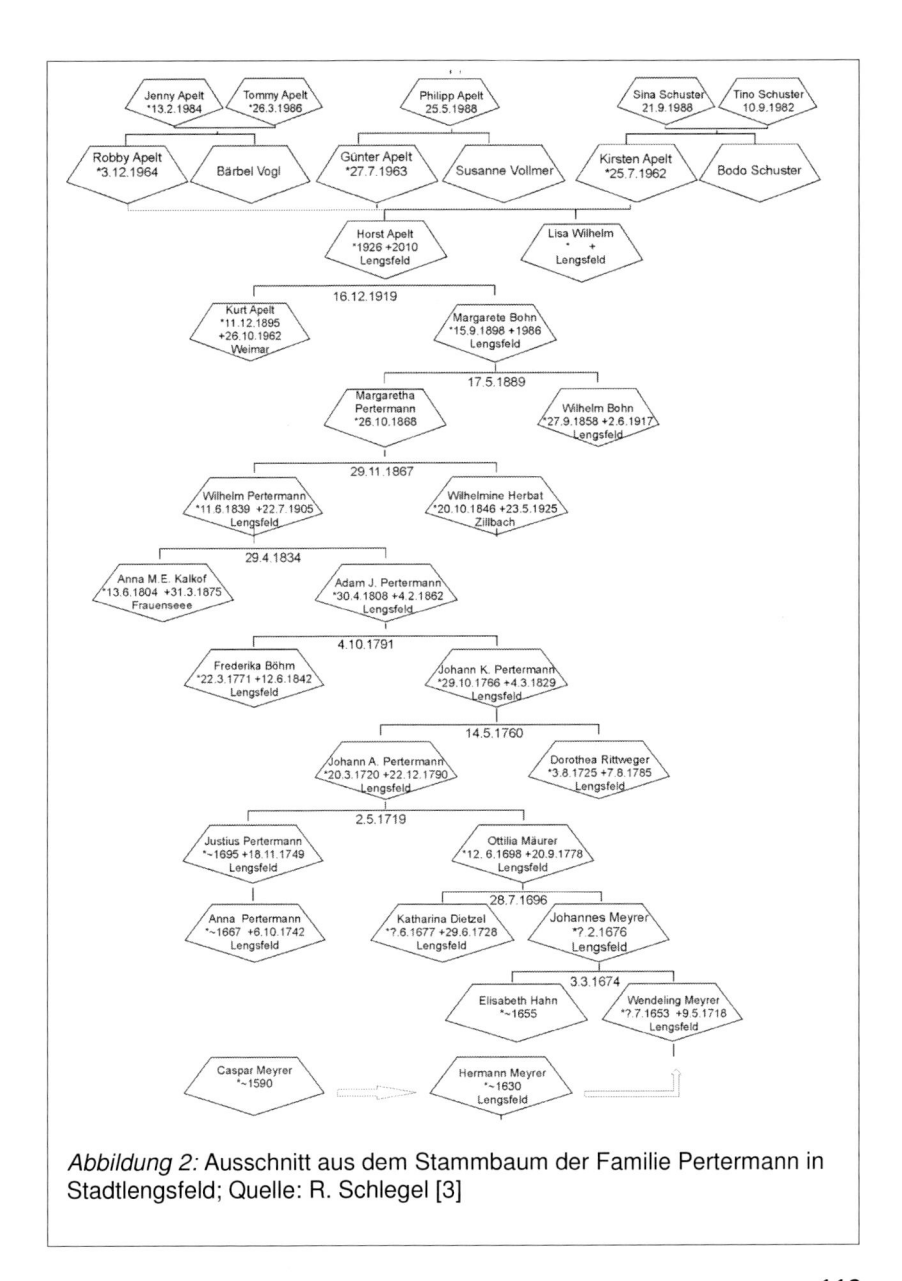

Abbildung 2: Ausschnitt aus dem Stammbaum der Familie Pertermann in Stadtlengsfeld; Quelle: R. Schlegel [3]

Adam Johann Pertermann, wurde am 30. 4. 1808 in Lengsfeld geboren. Er starb bereits am 4. 2. 1862 mit 54 Jahren an einem Schlaganfall.

Aus der zweiten Ehe stammt u. a. der Sohn Johann Kaspar, 29. 10. 1766 - 4. 3. 1829). Wie seinerzeit häufig anzutreffen hatte er als Metzger gleichzeitig eine Gastwirtschaft. Es war die Wirtschaft „Zur Krone" am Obertor (vergleiche Abb. 3), die bis in die 1950er Jahre ihre Gäste hatte.

Im Übrigen, war in diesem Gebäude auch einmal eine Brauerei. Brauerei und Gastwirtschaft gehörten zuvor Christian Fuchs (8. 1. 1819 - 2. 9. 1883) aus Birkenfeld in Bayern, der in Stadtlengsfeld mit 66 Jahren starb. Er war zugleich der Stiefvater von dem Lengsfelder Bierbrauer August Adam Völler (11. 1. 1860 - 22. 11. 1934). August Völler hatte u. a. zwei Söhn, Gottfried und Hermann. Gottfried wurde Gastwirt und Hotelier in der Eisenacher Straße (Gebäude existiert noch) und Hermann wurde Landwirt im Pfaffental (der Hof existiert ebenfalls noch; wird vom Urenkel Helger Völler bewohnt).

Adam Pertermann heiratete am 29. 4. 1834 in Lengsfeld Anna Marie Ernestine Kalkhof (13. 6. 1804 - 31. 3. 1875), die einer Schneiderfamilie aus Frauensee entspross.

Er ging als Aktivist der bürgerlichen Revolution von 1848 in die Chronik ein. Er gehörte zu einer Gruppe Lengsfelder Demonstranten, angeführt vom Postexpeditor Johannes Handschumacher, dem Schneider Johann Adam Xylander und dem Metzger Adam J. Pertermann, die Emil von Boineburg eine Petition vorlegte. Die Forderungen waren mit der Herabsetzung des Lehngeldes und der Abtretung der Bier- und Schankgerechtigkeiten an die Gemeinden erweitert worden. Emil von Boineburg wurde gezwungen, diese Forderungen auch im Namen seiner Brüder und Vettern anzuerkennen, was er aus Angst um seine eigene Sicherheit notgedrungen tat. [5]

Adam und Anna hatten drei Töchter – Elise, verheiratet mit dem Philippsthaler Bäckermeister Zinn, Katharina, verheiratet mit dem Lengsfelder Gerichtssekretär Justin Rudolph, und Anna,

Abbildung 3: Postkarte aus Stadtlengsfeld mit Kuhgespann am Obertor; Gaststätte zu Krone (rechts), genannt: „Gemütlicher Kronen August", Inhaber August Wabnitz, um 1915; früher Gastwirtschaft der Familie Johann Adam Pertermann; wahrscheinlich entstand dort die Lengsfelder Revolutionsschrift von 1848; Häuser sind heute nicht mehr vorhanden; Quelle: Archiv R. Leimbach, 2012

verheiratet mit dem Metzgermeister Markert aus Dermbach – sowie einen Sohn, Wilhelm (11. 6. 1839 - 22. 7. 1905).

Wilhelm übernahm standesgemäß die elterliche Metzgerei sowie die Gastwirtschaft „Zur Krone". Verheiratet war er in erster Ehe (Lengsfeld, 29. 11. 1867) mit der oben genannten Wilhelmine Herbart, in zweiter Ehe mit Anna Katharina Hess aus Bernshausen.

Aus der zweiten Ehe entstammt eine weitere Tochter, Anna Catharina, die sich später mit dem Lehrer Christian Rausch in

Apolda vermählte. Aus der erster Ehe von Wilhelm gab es acht Kinder:

(1) Pertermann, Anna Margaretha, Stadtlengsfeld *26. 10. 1868, Stadtlengsfeld +23. 2. 1948; oo Stadtlengsfeld 17. 5. 1889 Wilhelm Bohn (*27. 9. 1858), Fleischer und Wirt des Hotels und der Gaststätte "Zur Sonne", in der Marktstraße (vergleiche Abb. 4); Gemeinderat, um 1891; zeitweise Bürgermeister, Stadtlengsfeld +2. 6. 1917
(2) Pertermann, August, Lengsfeld *um 1870
(3) Pertermann, Anna Marie, Stadtlengsfeld *31.1. 1871, Tübingen +23. 5. 1954, oo Stadtlengsfeld 12. 5. 1900 Hugo Otto Neuhaus, am Amtsgericht Allstedt (Thüringen) Schreibergehilfe und Kassierer, Triptis +21.9.1863
(4) Pertermann, Wilhelm Carl, Stadtlengsfeld 27.7.1880, Dortmund 17.7.1954; Zwilling von Carl
(5) Pertermann, Carl Wilhelm, Fleischermeister & Gastwirt, Stadtlengsfeld *27. 7. 1880, Stadtlengsfeld, Schlaganfall +29. 12. 1938, oo Dortmund 30. 5. 1906 Erna König, Dortmund *21.1.1888, Stadtlengsfeld, +16.10.1955; Zwilling von Wilhelm
(6) Pertermann, Elisabeth, oo Ernst Dose, Landwirt, Ottendorf bei Eutin

Abbildung 4: Hotel und Fleischerei „Gasthaus zur Sonne" in der Marktstraße von Stadtlengsfeld, Inh. Wilhelm Bohn (1858–1917), um 1925, später Konsum-Verkaufsstelle und Fleischerei; Quelle: Archiv R. Leimbach, 2013

(Schleswig-Holstein) *um 1910
(7) Pertermann, Erna, oo Paul Sauer, Eisenbahn-Beamter in Erfurt
(8) Pertermann, Helene, oo Willi Liep, Eisenbahn-Beamter in Erfurt

Wie unschwer erkennbar ist, hat es die Familie Pertermann in alle Winde zerstreut. Dennoch sind weibliche Gene der Pertermanns in Stadtlengsfeld verblieben. Die erstgeborene Tochter von Wilhelm Pertermann (1839 - 1905), Margaretha, heiratet ja den Wilhelm Bohn (siehe oben). Das Ehepaar hatte vier Töchter, Anna, Marie, Helene und Margarete (*15. 9. 1898, +1986 Bad Salzungen). Letztere, die Grete – wie sie genannt wurde – heiratete am 16. 12. 1919 in Stadtlengsfeld den Frisör Kurt Hans Erich Apelt aus Weimar (11. 12. 1895 - 26. 10. 1962, Eisenach. Trauzeugen waren der Gerichstaktuar Julius Emil Apelt aus Weimar (Vater), 48 Jahre, sowie der Eisenbahngehilfe Paul Sauer aus Erfurt, 31 Jahre (siehe oben).

Die Kinder aus dieser Ehe sind vielen Stadtlengsfeldern noch bekannt. Es handelt sich um den Kaufmann Karl-Heinz Apelt (*23. 7. 1922), den Frisör Horst Apelt (1926 - 2010 und den Günther Apelt. Der Horst Apelt hatte sein Frisörgeschäft in der Dermbacher Straße 4, gegenüber der ehemaligen Gaststätte „Weimarischen Hof". Nach seinem altersbedingten Ausscheiden läuft das Frisörgeschäft dennoch bis heute. Yvonne Dittmar ist die nunmehrige Inhaberin.

Mit seinen Kindern Kirsten (*25.7.1962), Günter (*27.7.1963) und Robby (*3.12.1964) leben die Pertermanns in gewisser Weise fort. Sie haben inzwischen wieder Kinder und Enkel (vergleiche Abb. 2).

Der Autor hatte beim der Zusammenstellung dieser Geschichte ein vergleichsweise einfaches Tun. Er konnte sich auf ein im Stadtarchiv von Stadtlengsfeld vorliegendes anonymes, 27seitiges Manuskript berufen: „Geschichte der Pertermanns, ihrer Frauen und deren Vorfahren". Der unbekannte Autor hat auf sehr anrührende Weise geschildert, wie er erstmals im

Sommer 1936 Stadtlengsfeld kennenlernte, wie er Verwandte seiner Frau traf und welche Rolle sie in Stadtlengsfeld spielten. Nach seiner Schilderung lernte er seinerzeit Margaretha BOHN, geborene Pertermann, kennen. Sie war angeblich die Tante seiner Frau, denn die Schwester von Margaretha, Anna Marie Pertermann, war die Mutter seiner Frau sowie Großmutter seiner Tochter. Folglich muss der Autor der Schwiegersohn von Anna Marie Pertermann gewesen sein. Anna Marie war am 12. 5. 1900 mit einem Otto Hugo Neuhaus (*21. 9. 1863, Triptis), Amtsgerichtsgehilfe in Allstedt, vermählt worden. Trauzeugen waren der Metzger Wilhelm Pertermann, 60 Jahre, sowie der Gastwirt Wilhelm Bohn, 41 Jahre.

Leider ist bis heute nicht zu ergründen gewesen, wie der Name des Autors lautete und welches Schicksal ihn ereilte...

Ein Philosoph in Lengsfeld

Rolf Leimbach & Rolf Schlegel

Im Turmknauf der evangelischen Kirche zu Stadtlengsfeld (Abb. 1) befand sich unter den Dokumenten, die bei der Öffnung desselben 1825 hinterlegt wurden, folgender Eintrag: *"... ist die Kirchendecke (die einige Jahre zuvor herabgestürzt war und den Unterzeichneten am Altar beinahe erschlagen hätte, wenn Gottes schützende Hand nicht über ihn gewaltet!) ingleichen das Kirchendach und der Turm repariert*, [4]... (Dr. phil. Christian Schreiber).

Wer war dieser Christian Schreiber?

Er wurde am 15. April 1781 Eisenach geboren. Seine Jugend verbrachte er in der Wartburgstadt. Mit der Erziehung der beiden Söhne Christian

Abbildung 1: Der Turmknauf der Stadtlengsfelder Kirche, 2012; Quelle: R. Schlegel, 2012

und Karl war vorrangig die Mutter befasst, die in Christian das Musische und Geistliche seines Charakters beförderte. Mit 12 Jahren wurde er konfirmiert. Danach wurde er zum Privat-Unterricht auf das renommierte hennebergische Gymnasium zu

Schleusingen geschickt. Treffliche Lehrer, u. a. der Professor Albrecht Georg Walch (1737 - 1822), dessen Urgroßvater, Tobias M. Walch (1643 – 1699) ebenfalls aus Lengsfeld stammte, weckten sein poetisches Talent. Mit 18 Jahren begann er ein Studium an der Universität in Jena. Zu jener Zeit lehrten deutsche Berühmtheiten wie FICHTE, Schelling oder Hufeland am Ort. Bis ins hohe Alter pflegte er Kontakte zu Freunden unter den „glänzendsten Geistern" der Zeit, zu Literaten, Theologen, Philosophen, Pädagogen und Verlegern wie Eichstädt, Herder, Göschen, Jean Paul, Wieland, Matthisson, Schiller, Julie von Bechtolsheim, Madame de Staël, Schlegel, Härtel, Cotta und vielen anderen mehr. [8]

Christian konzentrierte sich auf theologische, philosophische und philologische Studien. Schon zu dieser Zeit bedrückte ihn die mangelnde akademische Freiheit. Den Studenten dürstete nach humaner Leitung der Universität in wissenschaftlicher sowie sittlicher Hinsicht. Dennoch zog er die heitere Beschwingtheit und das gesellschaftliche Vergnügen einem politischen Engagement vor. Es war ja die Zeit der Aufklärung, die eine Reihe von kühnen Gedanken und Umwälzungen gebar.

Nach dem Ende der akademischen Studien in Jena war der junge Christian Schreiber eine Zeit lang unsicher, ob er eher eine pädagogische oder mehr theologische Laufbahn einschlagen sollte. Er ließ er sich noch von seinem Lehrer Herder in Eisenach examinieren und wurde in den Kreis der Kandidaten von Predigern aufgenommen. Mangels finanzieller Mittel reichte es nicht für große Reisen, so wie beispielsweise J. W. Goethe es tat. Christian begnügte sich mit kleineren Reisen in die Städte und Dörfer der näheren Umgebung, wo Gemeindepfarrer ihn gelegentlich predigen sowie katechisieren ließen. Wie er selbst in seiner Biographie schrieb, war das die Schule seines Lebens, in der er mehr lernte als aus Büchern. Er erfuhr dabei viel über die Mühen und Plagen der niedrigen Stände. Doch wollte

Abbildung 2: Früheres Schloss de Herrschaften von Boineburg in Weilar, um 1960, Rückansicht; Quelle: W. Oschmann, um 1960

er auch die Kreise des höheren Gesellschaftslebens kennenlernen.

Es fügte sich glücklich, vermutlich durch die Vermittlung des oben genannten A. G. Walch, der noch Beziehungen zu der Familie Boineburg in Weilar hatte (vergleiche Abb. 2). Christian kam so auch erstmals mit dem nahe gelegenen Lengsfeld in Berührung. Zwei seiner glücklichsten Jahre (von 1801 bis 1803) – wie er selbst schreibt – verbrachte er als Hauslehrer in der Familie.

Zusammen mit den Fräuleins von Löbel und von Bose sowie einem französischen Asylanten Chevalier de Vernejoux unterrichtete er die Söhne und Töchter der Boineburgs. Er schwärmte geradezu von der „seelenvollen und gemütlichen Unterhaltung, der würdigen Beschäftigung, dem religiösen Sinn, dem Interesse an Kunst und Natur, der ausgesuchten Bibliothek, dem wissenschaftlichen Treiben, dem behaglichen Reichtum sowie der wohltätigen Wirksamkeit" im Hause Boineburg. [1]

Neben der Lehrertätigkeit hatte Christian anscheinend viel Zeit, wieder der Poesie und Musik zu frönen. Eine Reihe seiner Werke sind in Leipzig, Berlin, Halle und Zeitz verlegt worden. Als Rezensent war er für mehrere Zeitschriften tätig.

Nach der Zeit in Weilar blieb ihm Betätigung als Privatier in Eisenach. Das Haus der Eisenacher Julie von Bechtolsheim, Gemahlin des damals verehrten Kanzler und Geheimrat, Ludwig von Bechtolsheim, war ein Sammelplatz aller lokal angesehenen, geistvollen sowie tugendhaften Personen. Christian gewann Zutritt zu diesem erlauchten Zirkel, von dem er wiederum überaus angetan war. Angeblich verschwand in den Gesprächen „alles Nationale auf der höheren Stufe der Humanität."[1]

Die zahlreichen Begegnungen führten oft zu langjährigen Freundschaften mit Personen aus ganz Deutschland und darüber hinaus. Außerdem boten die Eisenacher Umgebung und die Wartburg viel Stoff für Dichtungen und musikalische Beiträge. Diese schöne Zeit an Genuss und für das Gemüt wurde nachdrücklich durch die napoleonische Unterdrückung von 1806 bis 1809 beendet. Es war zugleich die Periode, während der sich Christian intensiver mit der Philosophie und Geschichte befasste, um „gründlich denken (zu) lernen". [1]

Entgegen einer Offerte seines Gönners und Freundes, des Generalsuperintendenten Wunsch in Eisenach, Gymnasiallehrer am Ort zu werden, folgte Christian Schreiber 1805 einem Ruf nach Lengsfeld als Oberpfarrer und Mitglied des Konsistorialamtes.

Nacheinander wurde er Reichsritterschaftlich-Fuldaischer, dann Kurfürstlich-Hessen-Kasseler Kirchenrat und anschließend Großherzoglich-Sächsischer Superintendent.

Lengsfeld hatte seinerzeit (1805 - 1815) das Pech in 10 Jahren

Abbildung 3: Stadt Lengsfeld 1824, Südseite; im Vordergrund der Marienbaum[*)] und die Flachsdarren und Rasenmühle (Fabrik); in der Mitte die beiden Schlösser, hinten die Kirche, die Stadt; der Berg hinten rechts ist die „Kniebreche"; kolorierte Miniaturzeichnung; Quelle: M. Schmitt, verändert

[*)] Sebastian Franck erzählt 1534 von einer in Franken und Schwaben bereits seit 1520 gepflegten Sitte, am 1. Mai einen großen Baum für das ganze Dorf aufzustellen und zu schmücken, der dann den Sommer über stehen bleibt: "*Zuo diser zeit stecken die baurenknecht grosse hohe tannenbeum biß auff den gipffel ausgeschnitten, in die dörffer, mit spiegeln und kräntzen geziert, und in die gipffel oben gehenckt, und lassen den mit grosser müe eingegrabnen baum, yrer metzen zuo eer, den gantzen summer steen*"; möglicherweise abgeleitet aus keltischer Brauch.

sechs Mal unter wechselnde Landeshoheit zu geraten (ursprünglich Fulda > Kurhessen > Westphalen > Großherzogt. Frankfurt > Hessen > Preußen > Weimar). Der Ort beherbergte zu dieser Zeit etwa 300 Häuser mit ca. 2.000 Seelen, davon 1.450 Lutheraner, 500 Israeliten, 30 Katholiken und etwa 40 Reformierte (vergleiche Abb. 3).

Mit viel Eifer und Engagement widmete er sich seiner neuen amtlichen Tätigkeit als Prediger und Schulaufseher. Getreu dem Motto: „*Möge Redlichkeit und Gemeingeist unter ihnen (den Einwohner der Stadt Lengsfeld) herrschen. Gehorsam gegen die Obrigkeit und Religiosität ihr Erbtheil sein... Das gebe Gott, von dem alles Gute kommt! Er macht es wohl mit uns und unseren Nachkommen*" [4] stand er zu Staat und Kirche (vergleiche Abb. 4). Er war noch immer beglückt von seinem Wirken in Lengsfeld, selbst nach mehr als 20 Jahren. Dieses Glück ward auch nicht durch Verhältnisse getrübt, die ihn zwangen, offizielle Ämter zu bekleiden und sich mit der Erziehungspolitik zu befassen.
Er war zeitweilig Mitglied des General-Departement-Rates Westphalen und Mit-Kommissar der Organisation sowie Aufsicht des Kultus des Schulwesens der jüdischen Gemeinden im Großherzogtum Weimar.
Es ist bemerkenswert, dass unter seiner Ägide als evangelischer Superintendent der Diözesen Lengsfeld und Dermbach (1815) zwei Landrabbiner mit wichtigen Aufgaben in Schulen und Synagogen eingeführt wurden. Er verfasste sogar mit dem Rabbiner Isaac HESS ein Buch „Juden-Eid" (1823). [2]

In seiner Amtszeit wird 1850 die vereinigte Bürgerschule zu Stadt Lengsfeld gegründet. Diese Schulform, in der Kinder jüdischer und christlicher Konfessionen gemeinsam von christlichen und jüdischen Lehrern unterrichtet wurden (außer Religion), war beispielgebend in ganz Thüringen und darüber hinaus. Dabei gab es anfangs Widerstand aus beiden Lagern. Dass er überwunden wurde, war ganz ohne Zweifel auch Schreibers Verdienst. Das bringt der Landrabbiner Dr. Mendel Hess[7] in seiner Rede zur Einführung aller Lehrer am 6. Oktober 1850 (drei christliche und drei jüdische) in der evangelischen Kirche zum Ausdruck. Zugleich arbeitete die Großherzogliche Regierung in Weimar in vertrauensvoller Zusammenarbeit mit den Landrabbinern eine „Schulordnung für die Juden in den Orten Stadt-Lengsfeld, Vacha, Geisa, Völkershausen, Gehaus und Aschenhausen" aus. Großen Anteil besaß Dr. Schreiber an der neuen Synagogen-Ständeordnung für Lengsfeld. Beide Dokumente haben viele Jahrzehnte für ein gedeihliches Zusammenleben beider Religionsgemeinschaften in der Stadt beigetragen. [7]

Dennoch befleißigte er sich ständig, seine Predigten sorgfältig für seine Gemeinde auszuarbeiten, die religiöse Bildung voranzubringen, die öffentliche Sittlichkeit zu befördern und sowie die Form des Gottesdienstes zu reformieren. Er schrieb eigens ein herausragendes Liederbuch, das von der Kritik z. T. sehr positiv beurteilt worden ist. [3]

Die zweite Auflage erfolgte 1864 in einer Höhe von 1.000 Exemplaren für die Gemeinde Stadt Lengsfeld (472 Stück), Gehaus (250 Stück) und Weilar (278 Stück). Er war festen Glaubens, dass sich die Kirche reformieren kann und wird sowie die Bürger wieder mehr dem Glauben zugetan sind als während der Wirren unter verschiedenen Regierungen. In bestärkte die Denkmalsfeier am 1. September 1811 von Altenberga (b. Gotha) anlässlich der Einführung des Christentum in der thüringischen Region durch Bonifazius im Jahre 724.

---

[7] Eisenach war von 1846 bis 1876 unter Rabbiner Dr. Mendel Hess und ab 1912 Sitz des Landesrabbinates *Sachsen-Weimar-Eisenach*, das die Gemeinden Apolda, Aschenhausen, Eisenach, Gehaus, Geisa, Jena, Ilmenau, Stadtlengsfeld, Vacha und Weimar umfasste.

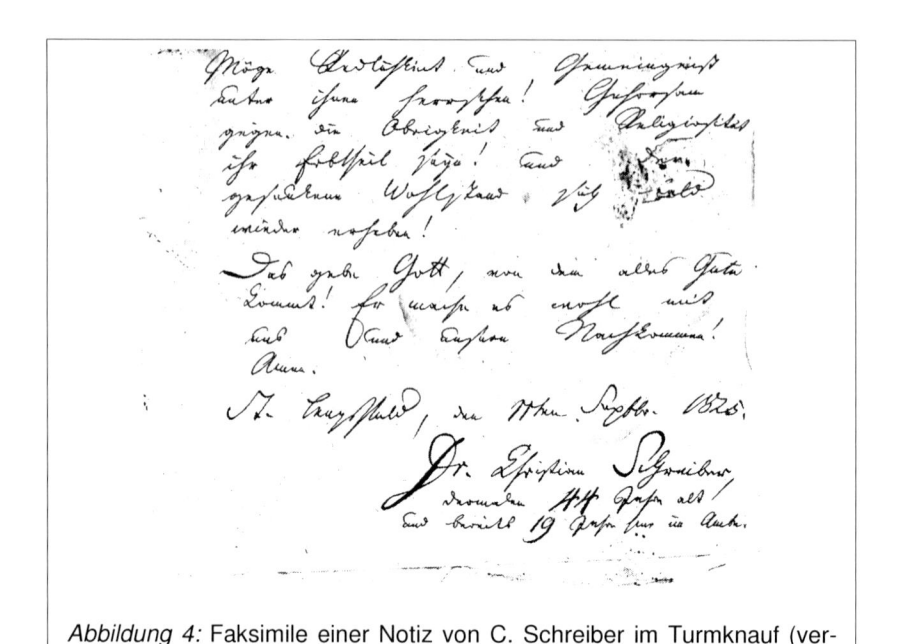

Abbildung 4: Faksimile einer Notiz von C. Schreiber im Turmknauf (vergleiche Abb. 1) der Kirche von Stadtlengsfeld, hinterlegt 1825; Quelle: [4]

Tausende von Christen aller Konfessionen kamen und zogen feierlich unter Glockengeläut aus den nahen Ortschaften zu der Stelle, wo die erste Kirche Thüringens gestanden hat. Wie aus einem Munde klang der Lobgesang:

> „Auf diesen Höhen stehen wir
> und bringen unser Opfer dir,
> der du die Menschherzen lenkst,
> und Licht in Finsternisse senkst."

Drei Jahre später, nach dem Sieg der alliierten Waffen über Napoleon vor Paris, feierten die Deutschen wieder euphorisch.

„Man konnte auf unserem Baier deutlich einige hundert Feuer zählen, ohne die am äußersten Horizont in einem Glanz zerflossen." [1]

In Schreibers Dienstzeit fällt auch der 300. Jahrestag der Reformation im Jahre 1817 (31. 10.). Er selbst beschrieb in der Kirchenchronik ausführlich den Ablauf des Festes in der Stadt Lengsfeld. Bemerkenswert in Hinblick auf das Zusammenleben von Christen und Juden in der Stadt ist der Schluss seines Berichtes: „...*Schließlich gedenke ich noch, daß am Tage der Austheilung unter den Armen ein hiesiger israelitischer Handelsmann, der seinen Namen nicht genannt hat, zur Vertheilung unter einige arme christlichen Witwen einsendete, mit folgenden hebräischen und deutschen Versen*:

*Auch dir, damals verfolgter Jude,
half Luthers Reformation,
sie kam der ganzen Welt zu Gute,
zum Segen jeder Religion.*" [7]

Auch das ist ein Beleg dafür, dass Dr. Schreiber in der jüdischen Gemeinde hohes Ansehen genoss.

Christian Schreiber entstammt einer angesehenen Bürgerfamilie. Sein Vater Friedrich war Geometer und zeitweise großherzoglicher Steuereinnehmer, begab sich in holländische Dienste und verstarb in Surinam (Amerika).
Der Urgroßvater Johann Carl war Hilfslehrer in Mosbach bei Eisenach. Sein jüngerer Bruder Karl war weimarischer Steuerbeamte in Ostheim. Christian war in erster Ehe mit Juliane Öttelt aus Eisenach verheiratet, die er 1806 in Lengsfeld freite. Sie verstarb jedoch schon sechs Jahre später. In zweiter Ehe heiratete er 1813 die Tochter, Sophie Henriette, des Lengsfelder Gutsbesitzers Johann Adam Waitz. Seine einzige Tochter, Louise, wurde am 7. Februar 1807 in Lengsfeld geboren, sie wuchs seit dem sechsten Lebensjahr bei den Großeltern in Eisenach auf und heiratete 1826 den Arzt und Großherzoglicher

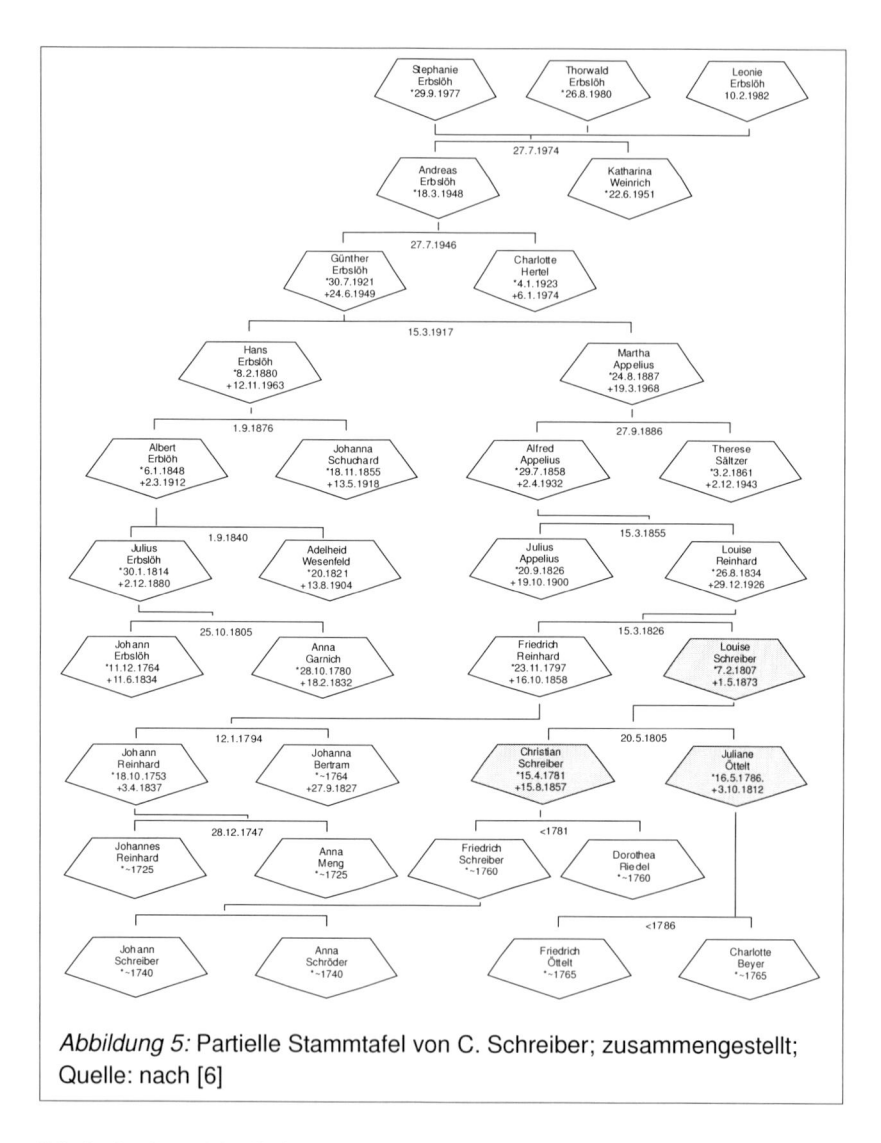

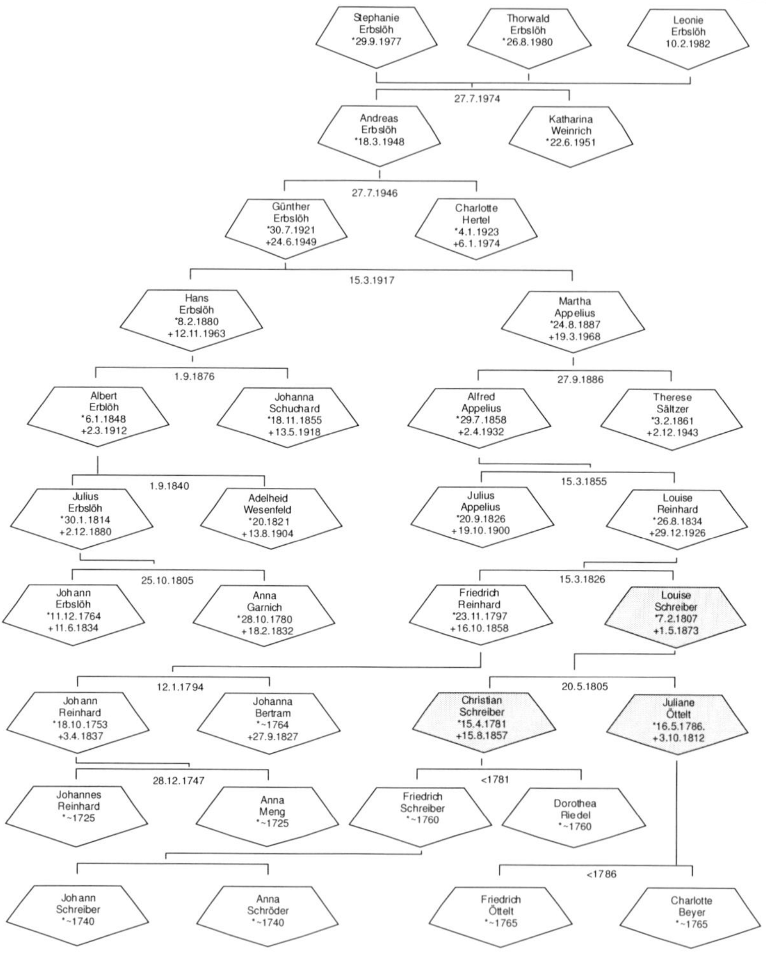
Stephanie Erbslöh *29.9.1977
Thorwald Erbslöh *26.8.1980
Leonie Erbslöh 10.2.1982
27.7.1974
Andreas Erbslöh *18.3.1948
Katharina Weinrich *22.6.1951
27.7.1946
Günther Erbslöh *30.7.1921 +24.6.1949
Charlotte Hertel *4.1.1923 +6.1.1974
15.3.1917
Hans Erbslöh *8.2.1880 +12.11.1963
Martha Appelius *24.8.1887 +19.3.1968
1.9.1876
Albert Erblöh *6.1.1848 +2.3.1912
Johanna Schuchard *18.11.1855 +13.5.1918
27.9.1886
Alfred Appelius *29.7.1858 +2.4.1932
Therese Sältzer *3.2.1861 +2.12.1943
1.9.1840
Julius Erbslöh *30.1.1814 +2.12.1880
Adelheid Wesenfeld *20.1821 +13.8.1904
15.3.1855
Julius Appelius *20.9.1826 +19.10.1900
Louise Reinhard *26.8.1834 +29.12.1926
25.10.1805
Johann Erbslöh *11.12.1764 +11.6.1834
Anna Garnich *28.10.1780 +18.2.1832
15.3.1826
Friedrich Reinhard *23.11.1797 +16.10.1858
Louise Schreiber *7.2.1807 +1.5.1873
12.1.1794
Johann Reinhard *18.10.1753 +3.4.1837
Johanna Bertram *~1764 +27.9.1827
20.5.1805
Christian Schreiber *15.4.1781 +15.8.1857
Juliane Öttelt *16.5.1786. +3.10.1812
28.12.1747
Johannes Reinhard *~1725
Anna Meng *~1725
<1781
Friedrich Schreiber *~1760
Dorothea Riedel *~1760
<1786
Johann Schreiber *~1740
Anna Schröder *~1740
Friedrich Öttelt *~1765
Charlotte Beyer *~1765

Abbildung 5: Partielle Stammtafel von C. Schreiber; zusammengestellt; Quelle: nach [6]

Sächsischer Medizinalrat in Eisenach, Friedrich Gottlieb Reinhard. Deren Nachkommen sind Mitbegründer einer angesehenen Dynastie von Industriellen, Wissenschaftlern, Ökonomen,

Politikern etc., die bis in die Gegenwart reicht und mittlerweile auf vier Kontinenten verbreitet ist (vergleiche Abb. 5). [5,6]

Dr. phil. Christian Schreiber hinterlässt eine Vielzahl von Schriften, Büchern, Gedichten, ein Schauspiel, Rezensionen etc. Er galt als Theologe, Philologe, Philosoph, Dichter und Lyriker sowie Erziehungswissenschaftler. Er war zeit seines Lebens ein echter Romantiker mit einem tiefen und betonten Hang zur Lyrik und Musik. Das äußerte sich schon früh, wie Jean Paul ihm in einer Beurteilung eines dichterischen Manuskriptes schrieb: „*Hier und da schillerisieren Sie noch.*" Was doch heißen sollte, dass Schreiber sich an die Lyrik des frühen Schiller klammerte, später aber seinen eigenen Weg einschlug. [8]
Die Auswahl der Werke zeugt von einem unermüdlichen Schaffen gemäß dem Motto:

„*daß nichts Besseres auf Erden sey als fröhlich zu seyn in seiner Arbeit*". [1]

Nach seiner Emeritierung lebte Christian Schreiber in Ostheim bei seinem Bruder. Er starb am 15. August 1857 in Ostheim im Alter von 76 Jahren, wo auch seine Mutter, Dorothea Riedel, beerdigt liegt.

Ein Denkmal aus Valparaíso?

Rolf Leimbach

Nach dem Ende des Ersten Weltkrieges befanden sich viele deutsche Fracht- und Passagierschiffe in ausländischen Häfen. Dort wurden sie einst vom Ausbruch des Krieges überrascht und saßen häufig fest.
Auch in chilenischen Häfen gab es deutsche Schiffe, deren Besatzungen auf die Heimreise warteten oder die Schiffe an die feindlichen Mächte übergeben sollten. So auch den Kosmos-Dampfer "Sais" in der Bucht von Valparaiso.

Starker Sturm, der vom 11. - 14. Juli 1919 vor Ort tobte, trieb mehrere Schiffe auf die felsige Küste zu. Einige sanken. Die Besatzungen konnten größtenteils gerettet werden. Auch die „Sais" wurde gegen einen Felsen gedrückt und erlitt das gleiche Schicksal. Die Mannschaft rettete sich rechtzeitig in ein Rettungsboot. Aber das Boot zerschellte im Sturm an der Küste. Zehn deutsche Seeleute ertranken, zwei konnten sich retten. Jener Sturm forderte über 100 Menschenleben.

Die zehn Seeleute der „Sais" wurden auf dem deutschen Friedhof in Playa Ancha (Chile) beigesetzt. Ihnen wurde dieses Denkmal gesetzt (vergleiche Abb. 1). [1]

Der erste Weltkrieg

Der Erste Weltkrieg wurde von 1914 bis 1918 in Europa, dem Nahen Osten, in Afrika, Ostasien und auf den Weltmeeren geführt und forderte rund 17 Millionen Menschenleben. Annähernd 70 Millionen Menschen standen unter Waffen, etwa 40 Staaten waren am bis dahin umfassendsten Krieg der Geschichte direkt oder indirekt beteiligt.

Im Attentat von Sarajevo am 28. Juni 1914 ermordeten Mitglieder der Studentenorganisation „Mlada Bosna" den österreichischen Erzherzog Franz Ferdinand, seit 1896 Thronfolger von Österreich-Ungarn (vergleiche Abb. 2). Die Ziele der Studenten waren vor allem die revolutionäre Befreiung Bosnien-Herzegowinas von der österreich-ungarischen Herrschaft und der Zusammenschluss südslawischer Provinzen Österreich-Ungarns mit Serbien und Montenegro. Das war der äußere Anlass für den Ersten Weltkrieg.

Als Unterstützer des Attentats wurden von Österreich-Ungarn offizielle Stellen des serbischen Staates vermutet. Die Regierungen in Wien und Berlin waren sich zunächst unsicher über die zu ergreifenden Schritte. Lediglich der kaiserlich und könig-

Abbildung 1: Ansicht des Denkmals zu Ehren von zehn ertrunkenen deutschen Seeleuten des Kosmos-Dampfers „Sais", die am 14. 7. 1919 auf dem Friedhof von Playa Ancha (Valparaíso, Chile) beigesetzt wurden; Quelle: verändert nach [1]

Abbildung 2: Zeitgenössische Darstellung des Attentats auf den österreichischen Erzherzog Franz Ferdinand am 28. Juni 1914; Quelle: [3]

lich Generalstabschef Franz Conrad von Hötzendorf forderte schon am Folgetag des Attentates die „Mobilisierung" gegen Serbien, auch im deutschen Generalstab präferierte man Anfang Juli 1914 entsprechend dem Kriegsrat vom 8. Dezember 1912 einen Krieg. Der deutsche Kaiser Wilhelm II. und Reichskanzler Theobald von Bethmann Hollweg sagten Österreich-Ungarn Anfang Juli 1914 die bedingungslose Unterstützung zu und drängten auf ein rasches Losschlagen.[2]

Die Verantwortung für die Entscheidung zum Krieg lag bei einem kleinen Personenkreis in Berlin und Wien.

Daraus entwickelte sich zunächst ein Lokalkrieg zwischen Österreich-Ungarn und Serbien. Durch die gegenseitigen Bündnisverpflichtungen und die deutschen militärischen Planungen eskalierte der Lokalkrieg innerhalb weniger Tage zum Kontinentalkrieg unter Beteiligung von Frankreich und Russland. Die politischen Konsequenzen des sogenannten Schlieffen-Plans führten zudem zum Kriegseintritt von Großbritannien, somit zum Weltkrieg zwischen den Mittelmächten und der Entente.

Die Propaganda fiel und im Deutschen Reich, in Österreich-Ungarn und auch in Frankreich auf fruchtbaren Boden. Es herrschte eine große Kriegsbegeisterung. Allerdings verflog diese sehr bald als die vielen gefallenen Soldaten bekannt wurden und in den jeweiligen Ländern große wirtschaftliche Not aufkam. Die Warnungen einiger Menschen und Parteien vor dem Krieg wurden nicht gehört. Nun war es zu spät.

Im Deutschen Reich leisteten im Kriegsverlauf 13,25 Millionen Mann Militärdienst, davon starben rund 2 Millionen Unter den Verwundeten befanden sich zahlreiche mitunter bis zur Unkenntlichkeit entstellte Invaliden, die mit vorher unbekannten Entstellungen und Amputationen in ein Zivilleben entlassen wurden.

Stadtlengsfeld

Kriegseuphorie gab es auch in Stadtlengsfeld, obwohl die Notiz im Schlussstein des Lengsfelder Kriegerdenkmals etwas gedämpfter klingt:

„In den entlegensten Winkel unseres deutschen Vaterlandes trug in den Spät-Nachmittagsstunden des 1. August der Draht die Nachricht von der Mobilisierung der gesamten Wehrmacht Deutschlands zu Lande und zur See. Um 6¼ ertönten die Glocken und machten zur Gewißheit, was man in den vorausgegangenen Tagen schon bang geahnt hatte: Wir stehen vor einem Krieg, einem furchtbaren Weltkrieg!" [4]

Nach Arnim Henschel, dem Lengsfelder Schuldirektor, obsiegte der Optimismus:

„Weh und schwer war wohl der Abschied; zuversichtlich und siegesfreudig und kameradschaftlich aber die Stimmung der ausziehenden Krieger." [4]

Skurril muten jedoch die Zeilen an, dass man *„Furcht vor Spionen und Personen* (haben muss), *welche das Trinkwasser vergiften wollen"*, ferner die Mär von *„Gold - Autos, die von Frankreich nach Russland unterwegs seien"* etc. [4]

Aus der Erkenntnis, dass nicht nur für die Soldaten an der Front, sondern auch für die Daheimgebliebenen eine schwere

Zeit bevorstehe, fühlten sich die Bürger die Aufgabe gestellt, die da „Kriegsvorsorge" hieß. „Die Ortsgruppe vom „Roten Kreuz" und ein noch gebildetes „Orts-Hilfskomitee" stellten sich in den Dienst derselben." Von der Einrichtung eines Genesungsheimes im Gebäude der Burg für verwundete Soldaten ist im Nachlass zu lesen: „Können wir hier in unserem Orte auch etwas für die Verwundeten tun?" Diese Frage wurde aufgeworfen und bejaht. Ein eigentliches Lazarett konnten wir nicht schaffen, wohl aber ein Genesungsheim. Die Eigentümer des Schlosses, die Herren Schnepper & Isphording, zu Hamm in Westfalen, überließen bereitwillig das Obergeschoss desselben. Die Einwohnerschaft gab leihweise Betten und sonst nötige Ausstattungsgegenstände. Die Sachen wurden von den Schulknaben der Oberklasse unter Leitung ihres Klassenlehrers Rektor Henschel abgeholt, und bald war das Genesungsheim im September 1914 eingerichtet. In dem Heim standen 26 Betten zur Verfügung. Im Dezember 1914 kam die erste Belegschaft. [4]
So hat mancher „braver Vaterlandsverteidiger" hat im Genesungsheim unter sorgsamer Pflege einige Wochen verbringen können. Man wetteiferte sogar, den Soldaten den Aufenthalt so angenehm wie möglich zu machen. Es wird erwähnt, in welch großzügiger Weise Herr Fabrikdirektor Ernst Gramss und Gemahlin für das Heim sorgten. Auch die übrigen Einwohner von Stadtlengsfeld, sowie der umliegenden Dörfer spendeten reichlich Lebensmittel." [4]

In den ersten Kriegsjahren wurden die Soldaten an der Front reichlich mit Päckchen versorgt, wie Arnim Henschel in der Urkunde berichtet. Doch gleichzeitig kündigen sich erste Lasten und Opfer an. Alles Gold und Silber wanderte zur Reichsbank, auch persönlicher Schmuck. Die Munitionsherstellung verlangte große Mengen an Kupfer, Zinn, Bronze und Messing. Entsprechende Kunst- und Ziergegenstände aus diesen Metallen mussten abgegeben werden. Auch die Zinnpfeifen der kostbaren Oestreich-Orgel und zwei wertvolle Glocken aus der evangelischen Kirche wurden „eingezogen". Das war noch zu verkraften.

Die Stimmung unter der Bevölkerung begann aber merklich zu kippen, als buchstäblich alles rationiert wurde: Lebensmittel, Stoffe, Bekleidung, Schuhe. Dazu kam, dass der Bürgermeister von Jahr zu Jahr immer öfter Todesnachrichten von der Front überbringen musste. Waren es 1914 noch neun, so fielen 1915 schon 24 Stadtlengsfelder Väter und Söhne. 1918 gab es mit 26 Gefallenen die größten Verluste und das ohne jede Aussicht auf den versprochenen Sieg.

Als seinerzeit alle Namen für die Gedenktafel für ein prospektiertes Mahnmal erfasst wurden, standen 79 Gefallene zu Buche. Manche Familien traf es drei Mal. Die Jüngsten waren

Abbildung 3: Teilansicht der Bronzetafel es Kriegerdenkmals mit den Namen Lengsfelder Männer, die während des Ersten Weltkrieges umkamen; alle Gefallenen befinden sich zudem in der Datenbank „Lengsfelder" [6]; Quelle: R. Leimbach, 2013

noch keine 20 Jahre alt (vergleiche Abb. 3).

Der Bürgermeister Adolf Hörle gab bei seinen Ingredienzien für den Turmknauf der evangelischen Kirche von 1922 zahllose Beispiele zu Protokoll, welche Lasten die Stadtlengsfelder Bevölkerung in den Kriegsjahren und noch lange danach zu tragen hatte. [5] Auch in der Urkunde des Schlusssteins des Denkmales wird aufgeführt:

„*Vom Ahn zum Enkel und weiter wird es sich fortpflanzen, was jene Zeit hervorbrachte: Kriegsbrot (Getreide auf 85 % ausgemahlen, mit Kartoffeln untermengt), dicke Graupen, Kohlrüben, Dürrgemüse, moderig schmeckende Maccaroni, minderwertige Marmelade. Doch Leute, denen der Krieg Gewinne brachten, und die nach dem Wert des Geldes nicht fragten, besonders aus der Kriegs – Industrie, kamen in die umliegenden Dörfer*

Abbildung 4: Revers eines Notgeldscheins (50 Pfenning) von Stadtlengsfeld aus der Serie mit Motiven „Sage von der Wunderblume am Baier" während der Zeit der sogenannte Inflation in Deutschland, 1924; Quelle: R. Schlegel, 1990

und kauften im Schleichhandel Mehl, Fleisch, Butter, Eier, usw. Die niedrigsten Instinkte wurden geweckt: überall krassester Egoismus und Materialismus! Die Folge: starke Unterernährung besonders bei Kindern. Eingeführte Kontrollmaßnahmen waren fruchtlos." [4]

Die Geldentwertung in den 1920er Jahren (Inflation) verschärfte die Lage noch.

Dadurch, dass während des Krieges alles Hartgeld eingezogen wurde, herrschte ein permanenter Mangel an „Kleingeld". Die Gemeinden griffen zur Selbsthilfe und druckten Geld in kleinen Währungen. Bekannt ist die Serie von der „Baier-Sage" (vergleiche Abb. 4). In Stadtlengsfeld und anderenorts wurden auch Münzen aus Porzellan gefertigt. Dieses Geld war nur in den jeweiligen Kommunen gültig.

So kostete ein Doppelzentner Zucker 1923 die „Kleinigkeit" von

Abbildung 5: Entwurf des Ehrenmals für die gefallenen Soldaten des Ersten Weltkrieges von Stadtlengsfeld auf einem 25 Pfennig Geldschein aus der Zeit der sog. Inflation, um 1924; Quelle: [4]

11.670.000.000 M (elf Milliarden 670 Millionen Mark). [4]

Das Denkmal

Trotz Nachkriegszeit, Not und Hunger hatte man schon 1919 begonnen, Geld für ein Denkmal zu Ehren der gefallenen Soldaten des Ersten Weltkrieges zu sammeln. Wie groß muss der Patriotismus, zumindest unter einem Teil der Bevölkerung, gewesen sein?!

Der Architekt Hugo Goller aus Vacha hatte den Entwurf dazu geliefert. Dieser Entwurf ist auf einem Notgeldschein veröffentlicht worden (vergleiche Abb. 5). Weiter war nichts zu erreichen. Die Inflation machte das Vorhaben zunichte.

Erst nach fünf Jahren war es endlich soweit. Am 12. November 1924 wurde im damaligen „Deutschen Haus" (früher: Gasthaus zur Sonne) dem Gemeinderat, den Behörden der Stadt und allen Vereinsvorständen ein neuer Entwurf für ein Kriegermal vorgestellt.

Auf dieser Sitzung konstituierte sich auch ein Denkmalausschuss *„bestehend aus folgenden Herren: Direktor Ernst Gramß (Vorsitzender), Kaufmann Friedrich Hellbach, Rektor Arnim Henschel, Bürgermeister Adolf Hörle, Bauführer Bernhard Liephold, Lehrer Walter Linde, Kaufmann Wilhelm Pistel, Kaufmann Salomon Rothschild, Porzellanmaler Wilhelm Uwelius, Bildhauer Rodolf Vogt, Dr. Ernst Wagner, Buchhalter Paul Weiß."* [verändert nach 4]

Diesem Ausschuss oblag es zudem, den Standort zu bestimmen, die Firmen zur Bauausführung zu benennen, die Modalitäten der Gestaltung zu beraten und die Finanzierung zu klären.

Nach langer Diskussion entschied sich der Ausschuss, ein wüstes Gelände am sog. „Raritätchen" als Standort des Denkmals zu nutzen. Das Foto aus der Zeit um 1920 zeigt die Lage, die bis dato existent ist (vergleiche Abb. 6).

Bei der Ausführung des Bauwerkes entschied sich der Ausschuss für die Firma „Granitwerk Ernst Stich in Floss" (Oberpfalz). Ihr Gebot belief sich auf 5.336 Reichsmark. Diese Firma nahm bei der Gestaltung Anleihe bei dem eingangs erwähnten

Denkmal für die verunglückten Seeleute in Valparaíso (siehe oben) auf. Der ursprüngliche Entwurf (vergleiche Abb. 7) wurde nochmals modifiziert.

Abbildung 6: Kolorierte Bild aus der Zeit um 1920 mit Ansicht von Stadtlengsfeld; Blick von Süden; Pfeil im Norden der Flur zeigt die Lage des späteren Kriegerdenkmals; Quelle: R. Leimbach, 2013

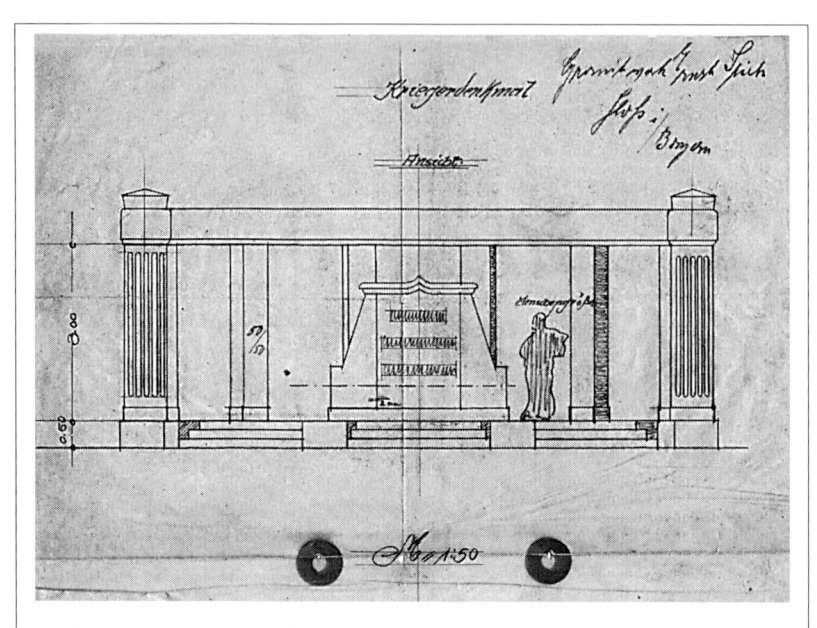

Abbildung 7: Plan für die Errichtung eines Kriegerdenkmals in Stadtlengsfeld, vorgelegt von der Fa. Granitwerk Ernst stich in Floss; Quelle: [4]

Die Anfertigung der Bronzetafel mit den Namen der Gefallenen übernahm die „Metallwarenfabrik und Bronze-Bildgießerei Schmitz & Co. GmbH" in Klein-Tschansch bei Breslau. Die Firma forderte den Preis von 1.268 Reichsmark. [4]

Das Angebot für die gärtnerische Gestaltung der Anlage ging an den Gartenarchitekt Kurt Winkelhausen aus Eisenach, der 300 Reichsmark verlangte.

Die Finanzierung gedachte man ausschließlich über Spenden und Sammlungen bewerkstelligen zu können. Daher erging ein Aufruf an alle Bürger:

„Aufruf – Das längst geplante Heldendenkmal für unsere im Weltkrieg gefallenen Mitbürger soll nunmehr ... errichtet wer-

den, sofern die Mittel durch Spenden und Sammlungen aufgebracht werden. Gebe jeder dazu, soviel er kann, dies ist Ehrenpflicht...." [4]

Beabsichtigte Spenden konnten auch „gezeichnet" werden, d. h. durch Vertreter verbürgt werden. Dies war auf dem Gemeindeamt und bei folgenden Herren möglich: Obersekretär Julius E. Apelt, Modelleur Rudolf B. Eckl, Lehrer Feistkorn, Johann Gürtler, Willy Handschuhmacher, Friedrich Hellbach, Christian Klotzbach, Mäurer – Konsumverein, Wilhelm Pistel, Simon Rothschild, Postmeister Friedrich J. Salomon, Gottfried Völler, Dr. Ernst Wagner, Paul Weiss.

So gewappnet, gedachte man über die Runden zu kommen. Doch es kam zu beträchtlichen Schwierigkeiten, die beinahe das Scheitern des Projektes verursachten. Man hatte offensichtlich die Spendenwilligkeit[8] und die Bonität der Bevölkerung überschätzt.

---

[8] Große Teile der Bevölkerung hatten sich von der SPD ab- und der KPD zugewandt. Die Bewilligung der Kriegskredite durch die SPD am 2. Dezember 1914 im Reichstag war nicht vergessen. Der einzige Abgeordnete, der sich dieser Zustimmung verweigerte, war Karl Liebknecht, der mit Rosa Luxemburg im Jahr 1919 die KPD gründete. Die KPD-Ortsgruppe in Stadtlengsfeld wurde im gleichen Jahr gegründet und avancierte schnell zur zweitstärksten Partei im Ort. Bezeichnend für die Haltung der KPD-Mitglieder war ein Eklat bei der Einweihung des sog. Heldendenkmals. Im Jahr 1924 wurde in Stadtlengsfeld der Roter Frontkämpferbund (RFB) gegründet – einer der zuerst gegründeten und zahlenmäßig der stärkste in dieser Region. Im RFB des Ortes waren etwa 50 Personen organisiert, die alle auch Mitglieder der KPD waren. Bei der Einweihung des Denkmales kam es zu einer Kontroverse. Die Ortsgruppe der KPD war mit der Inschrift des Denkmales „Unseren Helden" nicht einverstanden. Dennoch nahm der RFB an der Einweihung teil und brachte seine Sicht mit folgender Inschrift in der Schleife des niedergelegten Kranzes zum Ausdruck: „Ihr wurdet als Opfer des kapitalistischen Weltkrieges euren Familien entrissen. Euch Brüdern zur Ehre." Die Widmung „Unseren Helden" hatte gestalterische Gründe. Ursprünglich sollte „Treue um Treue" über dem gesamten Denkmal stehen. Das Granitwerk Stich aber sah Probleme bei der Einteilung des Textes und

Abbildung 8: Das modifizierte sowie fertiggestellte „Denkmal" nach der Weihe von 1925; Quelle: Archiv R. Leimbach, Foto von 1926

Am 9. März 1925 drohte der Vorsitzende des Denkmal-Ausschusses Ernst Gramss „An die Zeichnungsstellen (siehe oben) für das Heldendenkmal":

„Von den Sammelstellen sind bis jetzt nur wenig über Mk. 1.000,- abgeliefert worden, während auf Mk. 4.000 gerechnet wurde. Dadurch ist die Fertigstellung des Denkmales gefährdet. Der Lieferant droht mit Klage auf Zahlung, ich musste deshalb die Fertigstellung unterbrechen lassen und ebenso die Bronceplatte wieder abbestellen. Wenn das Interesse in der Gemeinde

---

bat um neue Vorschläge. Aus diesen wurde dann der Vorschlag „Unseren Helden" ausgewählt.

nicht grösser ist und die Zahlungen bis Ende d. M. nicht ganz erheblich gestiegen sind, müsste wohl ein recht bedauerlicher Entschluss gefasst werden..." [4]
Nochmals wurde unmissverständlicher Druck auf die Bevölkerung ausgeübt, um das Finanzproblem zu lösen. In Aushängen war zu lesen: „*Die Zahlung eines Beitrages zum Heldendenkmal ist Ehrenpflicht. Wer noch nicht gezahlt hat, wolle dies bitte nunmehr bei der Gemeindekasse tun, es fehlt noch ein größerer Betrag. Der Ausschuß*". [4]

Bereits am 30. Dezember 1924 war das Finanzierungsproblem absehbar. Seither gingen Bettelbriefe an zahlungskräftige Personen und Betriebe mit der Bitte um eine größere Spendensumme wie zum Beispiel an Willy Handschuhmacher in Boston, an Dr. Bender in München, an Kommerzienrat Wilhelm Röll auf Schloss Klösterl, an den Bankier Büchner in Kalbsrieht, an den Vorstand des Kaliwerkes Dietlas, an die Firma Schnepper & Isphording in Hamm. Letztendlich war die Finanzierung gerade so geschafft.

Das relativiert die gängige Meinung, das Denkmal sei nur mit Spenden der Bevölkerung errichtet worden. Sie leistete einen bedeutenden Beitrag, aber bei weitem nicht den größten. Viele wollten nicht, weil sie den Verlust ihrer nächsten Angehörigen nicht verkraftet hatten. Viele konnten nicht, weil mit dem Tod des Mannes auch der Hauptverdiener fehlte.

Im Frühjahr 1925 trafen endlich die ersten Granitsteine mit der Bahn aus dem oberfränkischen Floß ein. Sie mussten in Dorndorf auf Waggons der Schmalspurbahn umgeladen werden und wurden zunächst im Lengsfelder Porzellanwerk zwischengelagert. Einzelstücke wogen bis zu 50 Zentner, wie die Frachtbriefe der Bahn belegen. Die Errichtung des Denkmales realisierten Arbeiter des Granitwerkes Floß und Hilfskräfte aus dem Ort.

Am 18. Juni wurde die von Rektor E. Henschel verfasste Urkunde in den Schlussstein des Denkmales eingelegt. Eine Kopie dieser Urkunde befindet sich im Stadtarchiv Stadtlengsfeld.

Am 21. Juni 1925 war es dann soweit. Das Kriegermal ist fertig (vergleiche Abb. 8). Die Bevölkerung, die Ehrengäste und die Vereine wurden eingeladen, sich „nachm. ½ 3 Uhr auf dem Turnplatz" zu treffen und gemeinsam den Gang zum Denkmal anzutreten.

Separate Einladungen ergingen an Postinspektor Bauss a. D. in Wesel, Schnepper & Isphordingen in Hamm, Commerzienrat Wilhelm Röll in Klösterlein, die Direktion der Kaliwerke Dietlas, Bankdirektor Hans Büchner in Artern, den Vorstand der Sanitäts-Kolonne Stadtlengsfeld, den Vorstand des Radfahrervereins „Feldagrund" Stadtlengsfeld, den Vorstand des „Zitherclub" Stadtlengsfeld, den Vorstand des Radfahrervereins „S.A.R." Stadtlengsfeld, den Vorstand des Schützenvereins Stadtlengsfeld, den Vorstand des Turnvereins „Frei Heil" Stadtlengsfeld, den Vorstand des Turnvereins „Gut Heil 1854" Stadtlengsfeld, den Vorstand des Kriegervereins Stadtlengsfeld, den Vorstand des „Rhönclub" Stadtlengsfeld, den Vorstand des Gesangsvereins

„Liedertafel" Stadtlengsfeld, den Vorstand des Gesangvereins „Keramik", den Vorstand des Frauenvereins Stadtlengsfeld, Pfarrer Siuts, Leitung der Volksschule, Leitung der Berufsschule, Druckereibesitzer M. Berke Dorndorf, Vorstand Reichsbund der Kriegsbeschädigten und Hinterbliebenen Stadtlengsfeld, „Metallwarenfabrik und Bronzebildgiesserei Schmitz & Co. GmbH" in Klein-Tschansch bei Breslau sowie „Granitwerk Ernst Stich in Floss".

Leider gibt es keine Unterlagen darüber, wer dieser Einladung Folge leistete und wer nicht. Der vorhandene Schriftverkehr mit dem Granitwerk Floß lässt die Vermutung zu, dass diese nicht an der Einweihung teilgenommen hat. Die Stadt verweigerte sich nämlich, zusätzlich entstandene Kosten bei der Aufstellung des Denkmales zu übernehmen. Außerdem hatten sich Hilfskräfte aus Stadtlengsfeld massiv beschwert, weil sie den „Antreibereien" des Herrn Stich, der den Einweihungstermin halten musste, ausgesetzt waren.

Herr Stich äußerte sich in einem Schreiben an den Denkmalausschuss ziemlich schmallippig zu diesen Umständen und bringt zum Ausdruck, dass man seine Bemühungen um dieses Denkmal bei der Einweihung hoffentlich zu „würdigen" wisse.

Für die Einweihungsfeier des Denkmales wurde folgende „Ordnung" bekannt gemacht:

> Nachmittags ½ 3 Uhr Zusammenkunft auf dem Turnrasen
> ◊
> 3 Uhr Zug zum Denkmal (der Platz bleibt vorher abgeschlossen)
> ◊
> Vortrag der Gesangsvereine
> ◊
> Begrüßung
> ◊
> Weiherede und Enthüllung
> ◊
> Kranzniederlegung (ohne Ansprache, nur allenfalls Namensnennung, in wessen Auftrag die Niederlegung erfolgt)
> ◊
> Vortrag der Gesangsvereine
> ◊
> Übergabe an die Gemeinde
> ◊
> Übernahme durch den Gemeindevorstand
> ◊
> Gemeinsamer Gesang des Deutschlandliedes

Nachbetrachtung

Was sich in den Folgejahren am und um das Denkmal ereignete, ist nicht schriftlich überliefert. Man kann sich jedoch ausmalen, dass es manchem „Zeitgeist" diente.

Geblieben ist über alle Jahre der ideelle Zwiespalt, der den Betrachter befällt. Warum gedenkt man Helden, die in den letzten

Sekunden ihres Lebens eigentlich gar keine sein wollten?

Als Mahnung ist das Lengsfelder Monument allemal geeignet. Nie wieder soll die Stadt vor die Versuchung gestellt werden, solche Monumente zu errichten. Deshalb ist es gut, dass es erhalten und gepflegt wird.

Meist hielt das Bauwerk als Hintergrundmotiv für das Familienalbum (vergleiche Abb. 9) her und als Kulisse verschiedener Lengsfelder Vereine. Es war und ist Ziel von sonntäglichen Spaziergängen sowie Tummelplatz für Kinder. Es gehört mittlerweile zum Antlitz der Stadt.

Im Jahre 2012 war eine gründliche Restaurierung erforderlich. Am Bauwerk zeigten sich Risse. Die Reinigung des Granits wurde mit Walnussschalengranulat vorgenommen, die Bronzeplatte gesäubert. Im Vorgelände wurden die Treppenaufgänge erneuert. Die Anlage präsentiert sich wieder würdevoll.

Abbildung 9: Wahrscheinliches Treffen der Witwen gefallener Soldaten oder Frauen des Frauenbundes von Stadtlengsfeld sowie Gruppenfoto vor dem Hintergrund des Denkmals, um 1930; Quelle: Archiv R. Leimbach, 2013

Moritz Goldschmidt und die Lengsfelder Schule

Rolf Schlegel, Rolf Leimbach & Heinz Kleber

Unser Heimatort Stadtlengsfeld und seine wunderbare Natur waren und sind guter Dung, auf dem kreative Menschen gedeihen können. Einige sind bereits in die Geschichtsbücher eingegangen. Über eine weitere Person möchten wir hier berichten: Moritz Goldschmidt.

Obwohl sein späterer Arbeitsort, Geisa, sein Wirken für sich reklamiert, war es Lengsfeld, das in prägte. Hier ging er jahrelang zur Schule. Zu seinem Jahrgang gehörten u. a. die Lengsfelder Friedrich Hissmann (später Arzt in Leipzig), Christoph Hossfeld (später Schuster), Johann Illing (später Schuhmacher), Georg Löser (später Schuhfabrikant in Lengsfeld), Wilhelm und Louise Rausch (die nach Amerika gingen), Anna Röder, Auguste Schlechtweg, Henriette Stiebel und Anna Ziller.

Sein Vater, Nathan Goldschmidt, war Lehrer und lebte in Völkershausen. Vermutlich gelangte dieser über verwandtschaftliche Beziehungen nach Völkershausen. Dort lebten schon seit dem 18. Jahrhundert Goldschmidts. 1892 feierte der Vater sein 25. Dienstjubiläum wie in einschlägigen Quellen nachzulesen ist. Die Schule des Sohnes lag allerdings in Lengsfeld, so dass der Schüler Moritz diesen Weg zweimal täglich zurücklegen musste. Es ist denkbar, dass zu jener Zeit die Lengsfelder Schule unter dem Lehrer Dr. Moses Salzer einen besseren Ruf als die Völkershäuser Schule genoss. Das Versenden von Kindern an andere Schulen war im Übrigen in jüdischen Familien jener Zeit nicht unüblich. In Lengsfeld gab es Familien, die solchen Kindern gelegentlich Logis anboten.

Schulbusse waren noch nicht erfunden. Der mehr als zweistündige Schulweg war nicht nur Bürde, sondern auch Inspiration.

Offensichtlich gab es zu jener Zeit noch sehr viel an den Wegrändern zu entdecken, was das Interesse des Schuljungen an den heimischen Pflanzen geweckt hat. Auch später noch blieben ausgedehnte Wanderungen durch die Rhön seine Passion.

M. Goldschmidt wurde am 12. Oktober 1863 in Bischhausen bei Eschwege (Werra-Meißner-Kreis) geboren. Dort war der Vater zeitweise als Lehrer und zugleich als Vorbeter und Schochet (Schächter) angestellt. Nach der Schulzeit ging Moritz mit 19 Jahren, im Juli 1882, als Aspirant an die staatlich-jüdische Volksschule Geisa, an welcher er ab 1885 über 30 Jahre als Lehrer verblieb [4].

In Geisa fand Moritz auch seine Frau, Minna Blaut (*11. 4. 1863, +15. 9. 1940), die er 1887 heiratete und deren alteingesessene Familie sich bis zu Jacob Nathan Plaut (1790 - 1851) zurückverfolgen lässt (vergleiche Abb. 1). [2] Nachkommen dieser Familie sind noch heute in der ganzen Welt anzutreffen.

Stammbäume sind die einzige Baumart, die gelegentlich Grund hätte, ihre Wurzeln zu verbergen.

Aphorismus von Moritz Goldschmidt

Einer von ihnen ist gleichzeitig der Enkel von Moritz, der Jurist Dr. Ernst Schragenheim (1913 - 1994, Chihuahua, Mexiko). Er verstarb in Tel Aviv (Israel). [3] Ernst wuchs ebenfalls in Geisa auf, erwarb sein Abitur in Vacha und ging Mitte der 1930er Jahre nach Israel. Er weilte nochmals in Deutschland als ihn 1989 die Gemeinde Geisa zur Enthüllung einer Gedenktafel für seinen Großvater an der ehemaligen Judenschule einlud. Noch heute leben zwei Töchter von ihm in Holland bzw. England.

Moritz Goldschmidt pflegte eine enge Freundschaft zu dem väterlichen Freund und Geisaer Apotheker sowie Freizeit-Bryologen (Moosforscher) Adalbert Geheeb. Über ihn sowie seine äußerst gewissenhafte sowie autodidaktische Arbeitsweise wurde er zu einem ausgezeichneten Kenner der einheimischen Pflanzenwelt. Zunächst entwickelte er verbesserte Methoden zur Erforschung der Lebermoose (1897 bis 1914). In einer Publikation „Notizen zur Lebermoosflora des Rhöngebirges" präsentierte er 77 verschiedene Lebermoosarten. Des weiteren fanden die Farne seine besondere Aufmerksamkeit. Später folgten Beiträge in verschiedenen deutschen Fachzeitschriften über „Die Flora des Rhöngebirges". Er setzte nach dem Tod Geheebs (+13. 9. 1909, Königsfelden, psychologischen Klinik) dessen Publikationsserie „Botanischen Notizen" fort.

Als besonderer Beleg seines Wirkens zeigt die Abteilung Botanik des berühmten Forschungsinstituts „Senckenberg" in Frankfurt/Main regelmäßig einige Objekte aus dem Goldschmidt-Herbar. Das Herbarium umfasst mehr als 300 Mappen, aneinandergereiht ein Regal von ~40 Meter Länge.

Es enthält die Belege zur „Flora des Rhöngebirges", aber auch Material aus vielen anderen Sammlungen. Zu sehen ist u.a. der einst als Wunderheilmittel beliebte Wundklee, ein Exemplar des Frauenfarns mit seinen fiedrigen Blättern, das aus der Gegend um die Milseburg stammt, sowie das fünfblättrige Exemplar der giftigen Einbeere, das er für etwas Besonderes hielt.

In unverändertem Zustand, noch fixiert mit gummierten Papierstreifen, ist eine Enzianart, die er im Eierhauck-Gebiet der Rhön gefunden hat. Es ist ein Originalbeleg der einzigen von ihm für die Wissenschaft beschriebenen Art. Der ausgelegte Originalbrief, ein Antwortschreiben des berühmten Botanikers Prof. Richard von Wettstein, *kaiserlich-königliche* Universität Wien, zeigt, dass M. Goldschmidt wissenschaftlich korrespondiert hat, wobei von Wettstein die neu beschriebene Art nicht anerkennen wollte.

Er stand darüber hinaus in Kontakt mit zahlreichen Botanikern und Floristen des In- und Auslandes. Kurz vor dem Tod übergab er sein Lebenswerk an den seinen ehemaligen Schüler und späteren Lehrer Otto Arnold aus Unterweid, der 1916 im Kriege fiel. Ein Glaubensgenosse von Moritz, der Frankfurter Juwelier Koch, war so generös und kaufte für 10.000 Mark das Herbar und sonstigen Nachlass. Beides vermachte er dem städtischen Schulmuseum. Dort verblieb es bis in die 1930 Jahre. Dann entschied der damalige Direktor, es der Stadt Frankfurt zu übergeben. Diese wiederum überließ es dem Senckenberg-Museum. [1]

Abbildung 1: Moritz Goldschmidt (1863 - 1916) mit seiner Familie (Frau, Tochter und Sohn), um 1898; Quelle: Archiv H. Kleber, 2013

Seit 1901 war Moritz G. Mitglied des Thüringischen Botanischen Vereins in Weimar. 1916 wurde er Korrespondierendes Mitglied der Naturforschenden Gesellschaft der Mark Brandenburg.

Moritz litt an Diabetes, erblindete völlig und verstarb bereits mit 53 Jahren am 7. September 1916. Er hinterließ eine Tochter, Henriette, und ein Sohn, Paul, der im ersten Weltkrieg fiel. Moritz' Grab findet man auf jüdischen Friedhof von Geisa. Am „Rockenstuhl" hatte der Geisaer Zweigverein des Rhönklubs 1922 einen Gedenkstein für ihn aufstellen lassen, der jedoch während der Nazi-Herrschaft 1933 zerstört wurde. Auf dem „Küppel" bei Tann-Neuswarts ließ der Rhönklub 1971 als Ersatz einen neuen Gedenkstein für den „Botaniker der Rhön" errichten.

Maestro Zentgraaff

Rolf Schlegel

Der Sohn eines Sattlers aus Lengsfeld wird Orchesterdirigent und Komponist in Rotterdam (Niederlande). Ein Flötenspieler war er. Sein Name: Johann Carl Centgraf. Er stammte aus der gleichnamigen Sattlerfamilie (vergleiche Abb. 2). Vater Andreas (*4. 3. 1708, +27. 7. 1758) und Großvater Georg (*um 1671, +20. 12. 1743) waren eingesessene Lengsfelder. Ihr Familienname leitet sich von einer Tätigkeitsbezeichnung herrschaftlicher Beamter her.

Das Zentgericht ist ein mittelalterliches Gericht im südwest- und mitteldeutschen Raum. Der Name ist dem Lateinischen „*centum*" (= Hundert) entlehnt. An der Spitze eines Zentgerichts standen Geschworene oder Dingleute unter Vorsitz eines Zentgrafen als Beamten, z. B. eines Vogts oder Grafen. In Geisa kann man noch heute die Überbleibsel eines öffentlichen Zentgerichts aus dem 11. Jahrhundert bestaunen.

Johann Carl Centgraf wurde am 28. 10. 1732 in Lengsfeld geboren. Bereits in jungen Jahren siedelte er nach Holland über. Die Gründe kennt man nicht. Am 15. 4. 1756 wurde er Mitglied der evangelisch-lutherischen Kirchengemeinde in Leiden, ein Jahr später meldete er sich als Musiker an der Universität in dieser Stadt. Im Jahre 1766 zog er nach Rotterdam.

Dort lebte er bis zum Ende seines Lebens. Hier lernte er auch seine Frau kennen. Am 15. 5. 1768 heiratete er Margareta Huijgens (*20. 10. 1739, +13. 3. 1814). Mit ihr hatte er drei Kinder, zwei Töchter (Carolina * 12. 3. 1769 und Catharina *22. 4. 1771) sowie einen Sohn, Carel Frederik (*10. 10. 1772).

Üblicherweise passte er seinen deutschen Namen an das Hol-

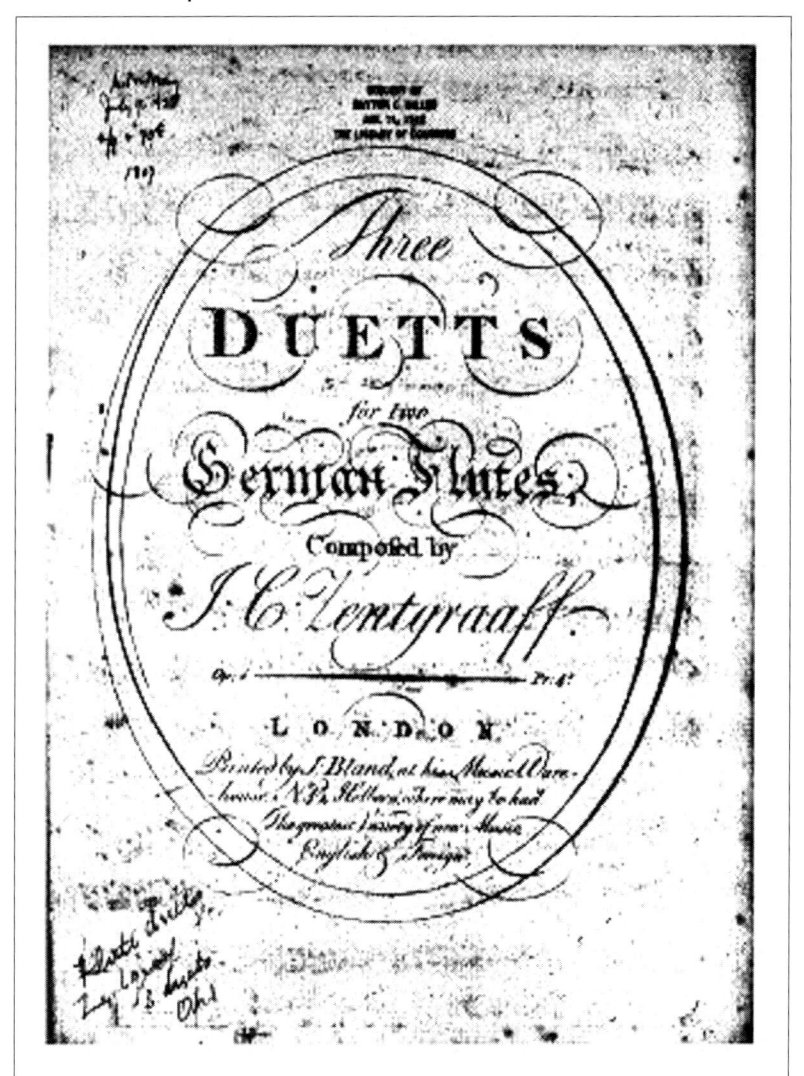

Abbildung 1: Faksimile der Londoner Druckausgabe dreier Duette (Opus 1) für zwei deutsche Flöten von J. C. Zentgraaff, Rotterdam, 1784; Quelle: [2]

ländische an und nannte sich fortan Johan Carel Zentgraaff. Er war offensichtlich sehr musikalisch, spielte selbst die Deutsche

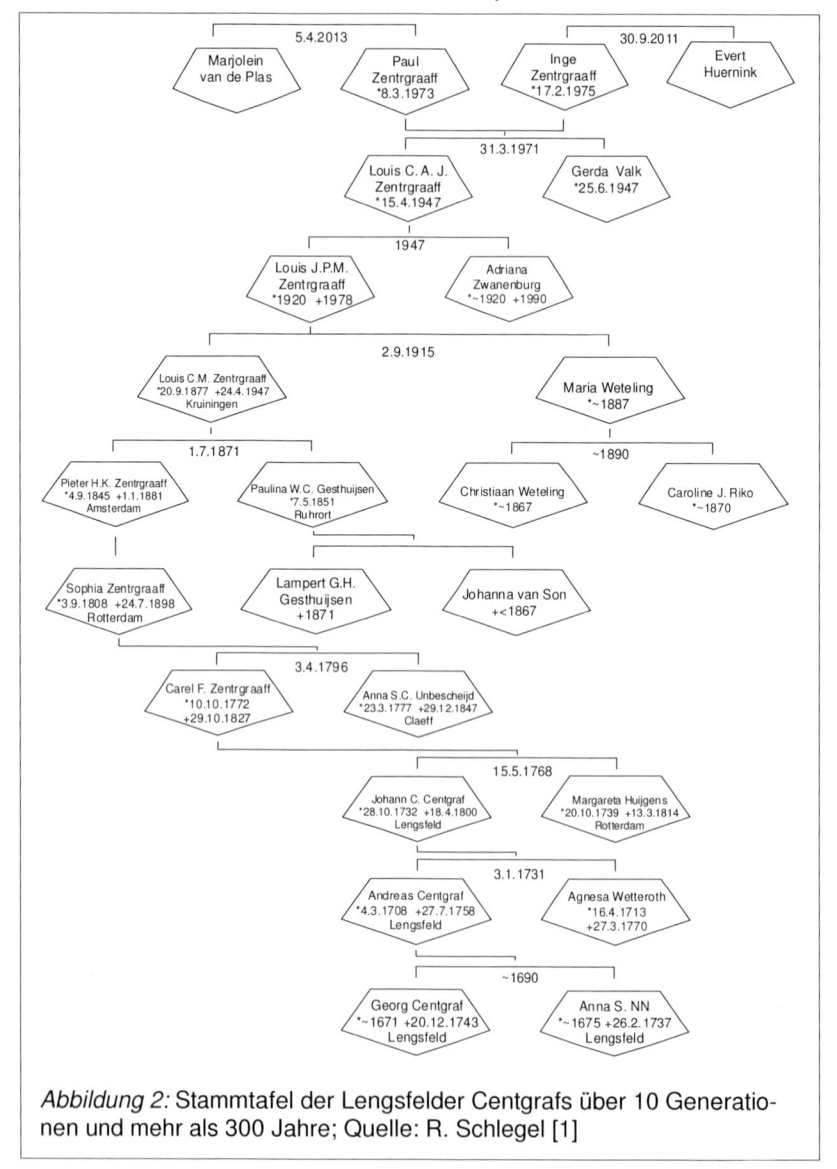

Abbildung 2: Stammtafel der Lengsfelder Centgrafs über 10 Generationen und mehr als 300 Jahre; Quelle: R. Schlegel [1]

Flöte, d. h. Querflöte, und avancierte 1773 zum Dirigent sowie Orchesterleiter in der hafennahen Bierstraat der Stadt Rotterdam, die damals schon zu den wohlhabendsten Städten Europas zählte. Zudem übernahm er von dem deut schen Organisten und Geiger Petrus Albertus van HAGEN (~1714 - 1777) die Verwaltung des Konzertsaals. Viele international bekannte Musiker besuchten seinerzeit die Stadt auf ihrem Weg nach

Abbildung 3: Familie Zentgraaff, Appeldoorn (Niederlande), 2012; Marjolein van de Plas, Paul und Louis Zentgraaff, Gerda Valk, Inge Zentgraaff, Evert Huernink (v. l. n. r.); Quelle: Louis Zentgraaff [4]

oder von London und spielten auch dort. Es gab wohl zu viele Probleme, die sich bis in die Familie zogen. Es existiert aus dem Jahr 1788 eine notarielle Zeugenaussage der Magd der Familie, die bestätigt, dass Zentgraaff seine Frau misshandelte, schlug, beschimpfte und bedrohte. Es gab außerdem eine Menge Geld in seinem Büro, von der die Frau angeblich nichts wusste. Vier Tage später wurden die Bedingungen für die Scheidung erstellt.

Als 1783 die Eigentümer des Hauses mit dem Konzertsaal den Besitz veräußerten, konnte Zentgraaff nicht mitbieten, so dass der Zuschlag an einen anderen Musiker ging. Zentgraaff ließ sich dennoch nicht beirren. Er eröffnete auf der anderen Seite der Straße, wo er sowie der hoch begabte Geiger und Komponist Johann Heinrich Schröter wohnten, eine weitere Konzert-

Abbildung 4: Faksimile der drei Druckausgaben der Flötenduette von J. C. Zentgraaf, Rotterdam, 1784; Duetto I-C major: Allegro, Menuetto Grazioso, Allegro; Duetto II-D major: Allegro con Spirito, Andantino con Variatione; Duetto III-C major: Allegro moderato, Allemande; Quelle: verändert nach [3]

halle. Allerdings war dieser Konzerthalle keine lange Zukunft beschieden.

Zentgraaff muss das Haus verlassen.

Von diesem Zeitpunkt an ist kaum noch etwas über ihn bekannt geworden. Er lebte offensichtlich in misslichen Verhältnissen. Im Jahre 1797 druckte man in der Zeitung „Rotterdamsche

Courant" einen Warnhinweis, dass keine Ware ohne Beleg an ihn geliefert werden sollte, da er oft die Rechnungen nicht begleicht. Einsam starb J. C. Zentgraaff drei Jahre später, am 19. April 1800 in Rotterdam.

Die einzigen bekannten Werke von Zentgraaff sind drei Flötenduette. Sie wurden im Jahre 1784 von John Bland in London (England) veröffentlicht. Im September 1784 kündigte der Komponist selbst die Ausgabe im „Rotterdamschen Courant" an (vergleiche Abb. 1). Die Duette sind in lebendigem, virtuos klassischem Stil gefasst. Bemerkenswert ist, dass sich das Tonintervall weiter nach unten bis zum C' anstelle des üblichen D' erstreckt. In der zweiten Hälfte des 18. Jahrhundert wurden häufiger Versuche unternommen, den unteren Bereich der Flöte um einen Ganzton mit $C^\#$ und C-Tasten zu erweitern. Zentgraaff hatte solche Instrumente wahrscheinlich zwei Jahre zuvor kennengelernt. Der deutsche Christian Karl Hartmann (~1750 - 1804) spielte in seinem Konzertsaal auf einer solchen Flöte, die mit C-Tasten ausgestattet war und im Tonvolumen einer Oboe ähnelte. Die einzige erhaltene Kopie der Duette von J. C. Zentgraaff befindet sich heute in der „Library of Congress" in Washington (USA). Aktuell sind die Werke von J. C. Zentgraaff über den Doblinger Verlag in Wien zu beziehen (vergleiche Abb. 4).

Ungeachtet des Schicksals am Ende des Lebens hinterließ Johann Carl Centgraf eine Nachkommenschaft, die bis in die Gegenwart reicht. Während in Stadtlengsfeld keine Familienangehörige mehr leben, gibt es umso mehr in den Niederlanden. Der Ur-Ur-Ur-Ur-Urenkel Paul Zentgraaff wurde am 8. März 1973 in Rotterdam geboren (vergleiche Abb. 2 und 3). Er ist Versicherungskaufmann und arbeitet bei der „Centraal Beheer Achmea" in Apeldoorn (Holland), nachdem er an der Juristischen Fakultät der Universität Utrecht 1991 - 1997 Wirtschafts- und Sozialrecht studierte. Am 5. April 2013 heiratete er Marjolein van de Plas.

Bergbau in Lengsfeld

Rolf Schlegel & Rolf Leimbach

Es war Justus von Liebig (1803 - 1873), ein deutscher Chemiker und Professor in Gießen sowie München, der mit seinen Entdeckungen zu Beginn des 20. Jahrhundert einen wirtschaftlichen Boom im Werra- und Feldatal auslöste (Abb. 1).

Wie?

Die praktische Anwendung seiner Lehre führte zur Vervielfachung der Ernteerträge. Die Ernährung industriell und großstädtisch organisierter Gesellschaften von heute wäre ohne Kenntnis der liebigschen agrikulturchemischen Grundaussagen nicht möglich. So ist

Abbildung 1: Justus von Liebig (um 1860), Begründer der wissenschaftlichen Agrikulturchemie; Quelle: [3]

beispielsweise in Deutschland die agrarische Produktion zwischen 1873 und 1913 um 90 % gestiegen. Diese Zunahme basierte neben der Mechanisierung der Landwirtschaft und wissenschaftlich begründeter Tier- sowie Pflanzenzucht insbesondere auf der Verwendung von bergbautechnisch gewonnenen bzw. industriell hergestellten Düngemitteln.

Sein Hauptinteresse während seiner Gießener Zeit galt der Förderung der Landwirtschaft mit dem Ziel, die zum Teil verheerenden Hungersnöte der damaligen Zeit – er hatte 1816 im sog. „Jahr ohne Sommer" selbst eine erlebt – zu verhindern. Die von ihm propagierte Düngung mineralischer Salze verbesserte die Ernte und dadurch die Nahrungsversorgung in der zweiten Hälfte des 19. Jahrhundert außerordentlich.

Das Minimumgesetz bildet die Grundlage der quantitativen Agrikulturchemie seit Mitte des 19. Jahrhunderts. Zu jener Zeit waren viele Böden in Mitteleuropa durch die starke Nutzung an zahlreichen Nährstoffen verarmt. Das Gesetz besagt, dass derjenige Nährstoff, der im Minimum im Boden vorhanden ist, das Ertragspotenzial der Pflanze bestimmt (vergleiche Abb. 2). Es wurde 1895 von Georg Liebscher (1853 - 1896) mit dem „Optimumgesetz" ergänzt:

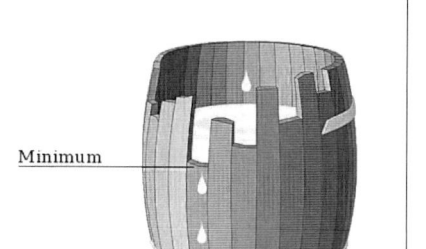

Abbildung 2: Prinzip des Minimumgesetzes nach Justus von Liebig. Die kürzeste Fassdaube bestimmt, wie viel Flüssigkeit im Fass verbleibt; Quelle: [3]

Die Pflanzen nutzen den im Minimum vorhandenen Produktionsfaktor zu umso größerer Substanzproduktion aus, je mehr die anderen Produktionsfaktoren in optimalen Verhältnissen vorliegen. 1909 erschien Eilhard Alfred Mitscherlichs (1874 - 1954) Beitrag *„Das Gesetz des Minimums und das Gesetz des abnehmenden Bodenertrages"*. Demnach kann jeder einzelne Wachstumsfaktor mit einer ihm spezifischen Intensität die Ertragshöhe steigern. Er war übrigens auch der Erfinder des Fleischextraktes – der Vorläufer der heute verbreiteten Speisewürzen wie Maggi-Würze und Knorr. Nach seinen Vorstellungen sollte der Fleischextrakt ein Nährmittel vor allem für die ärmere Bevölkerung sein.

Bedarf an Kalidünger

Es bestand ein enormer Bedarf an Kalidünger. In Deutschland und anderen Ländern betrieb man geologische Erkundungen, die zur Eröffnung erster Schächte führten. Am 23. April 1839 begann das historisch bedeutsame Staßfurter Tiefbohrvorhaben mit dem Ziel, ein Steinsalzlager zu erschließen.

Zur feierlichen Eröffnung des Staßfurter Steinsalzbergbaues am 31. Januar 1852 auf dem Kokturhof der Saline waren aus Berlin die beiden Namenspatrone der Schächte angereist: der preußische Ministerpräsident Freiherr Otto Theodor von Manteuffel und der preußische Minister für Handel, Gewerbe und öffentliche Arbeit, August von der Heydt.

Ähnlich wie in Staßfurt gab es auch im Werragebiet schon jahrhundertelang Salinen, die auf das Salz im Untergrund hinwie-

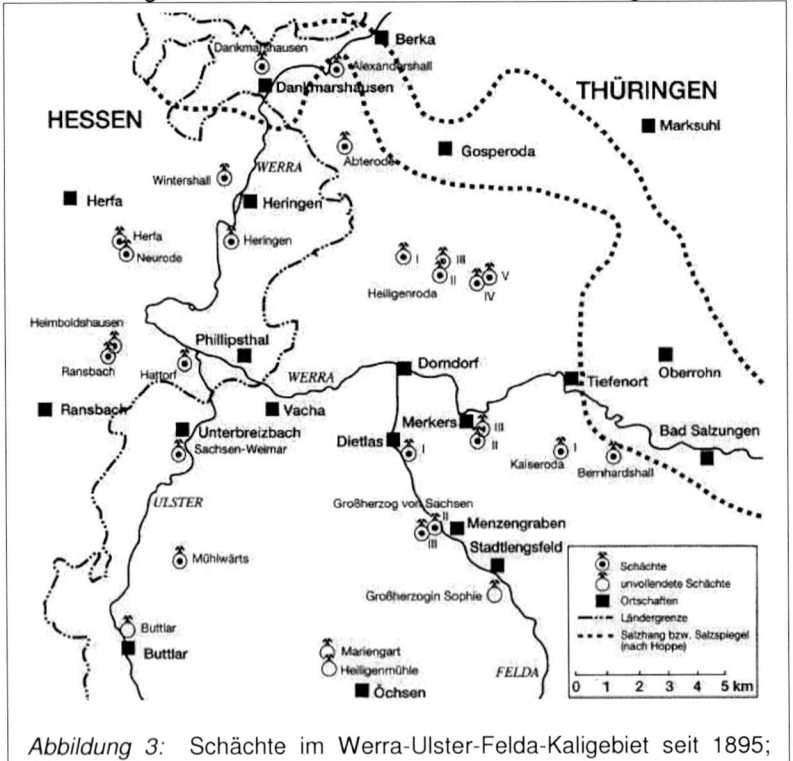

Abbildung 3: Schächte im Werra-Ulster-Felda-Kaligebiet seit 1895; Quelle: [1]

sen. Beim Teufen der Staßfurter Schächte in der Zeit von 1852 bis 1856 stieß man auch erstmalig auf „Bittersalz". Es war das Kalilager. Die beim Teufen gewonnenen Kalisalze, insgesamt etwa 600 t, wurden auf Halde geschüttet und zu dieser Zeit als Abraumsalz angesehen. Erst mit der Verwendung von Kaliumchlorid in der chemischen Industrie und für die Landwirtschaft begann im Jahre 1860 der Aufschluss von Kalirohsalz.

Abbildung 4: Faksimile eines Anteilscheins von 1906 für den Kalischacht in Stadtlengsfeld „Großherzogin Sophie"; Quelle: Archiv R. Schlegel, 2013

Es waren die ersten Kalischächte der Welt! Getrieben von industriellem Gewinn und landwirtschaftlicher Nutzung begann im Werra-Felda-Gebiet der Aufschluss (vergleiche Abb. 3). Der Bergbau eröffnete zudem Verdienstmöglichkeiten für die rechte verarmte Bevölkerung. Mit „Kaiseroda I" gab es 1895 die erste Teufe, Förderbeginn 1901. Es folgten die Schächte „Großherzog von Sachsen I" (1898 - 1905), „Alexandershall" und „Sachsen-Weimar" (1899 - 1903/ 1910), „Wintershall (1900 - 1903), „Hattdorf" und „Neuhof" (1905 - 1908/ 1910), „Salzungen" (1866 - 1900), „Heiligenroda I" und „Heringen" (1907 – 1909/ 1911), „Heimboldshausen" und „Ransbach" (1909 - 1913), „Dankmarshausen" und „Buttlar" (1910 - 1915/-), „Neurode", „Heiligenroda II+III", „Abterode", „Großherz. v. Sachsen II+III", „Kaiseroda II+III", „Heiligenmühle" und „Mariengart" (1911 - 1913/ 1915/ 1916,1921/ 1924), „Heiligenroda V" und „Ellers" (1912 - 1921), „Haidkopf" (1913 >), „Großherzogin Sophie" in Stadtlengsfeld etc.

Für den Stadtlengsfelder Schacht wurde eigens eine Kali-Bohrgesellschaft „Großherzogin Sophie" in Essen gegründet[9], bei der man seit 26. 10. 1906 Aktien erwerben konnte (vergleiche Abb. 4). Die erste Satzung der Gewerkschaft Kaliwerk „Großherzogin Sophie" datiert von 19. 1. 1909, Essen. Alle Unterlagen wurden beim Bergamt Dermbach gesammelt und liegen heute im Thür. Staatsarchiv, Schloss Heidecksburg, Rudolstadt. [2]

Die Teufe des Lengsfelder Schachtes befand sich am Waldrand, Flurstück 688 „Oberes Heerstück", heute über dem Gelände der ehemaligen neuen Bäckerei (vergleiche Abb. 5). Das Gelände wurde durch die Betreibergesellschaft auf dem Weg der Enteignung erworben. Die projektierte Teufe lag bei 500 Meter, bei einem lichten Durchmesser von 5,2 Meter.

Die provisorische Auskleidung des Schachtes waren U-Eisen, später sollte 0,5 Meter dicker Beton folgen. Die Förderung geschah mittels 0,9 Kubikzentimeter Kübel, die Fahrung war eine Dampfhaspel mit zwei Fördermaschinen. Als Bewetterung bliesen Ventilatoren. Die Wasserhaltung erfolgte über Dampf- und elektrische Pumpen. Die praktischen Arbeiten in unserem Ort begannen am 13. 1. 1913.

---

[9] Gründung 1896 als Kalibohrgesellschaft „Einbeck"; 1899 umbenannt in obigen Namen; benannt nach der Großherzogin von Sachsen-Weimar; 1926 aufgegangen in der Kali-Industrie AG, später Wintershall AG.

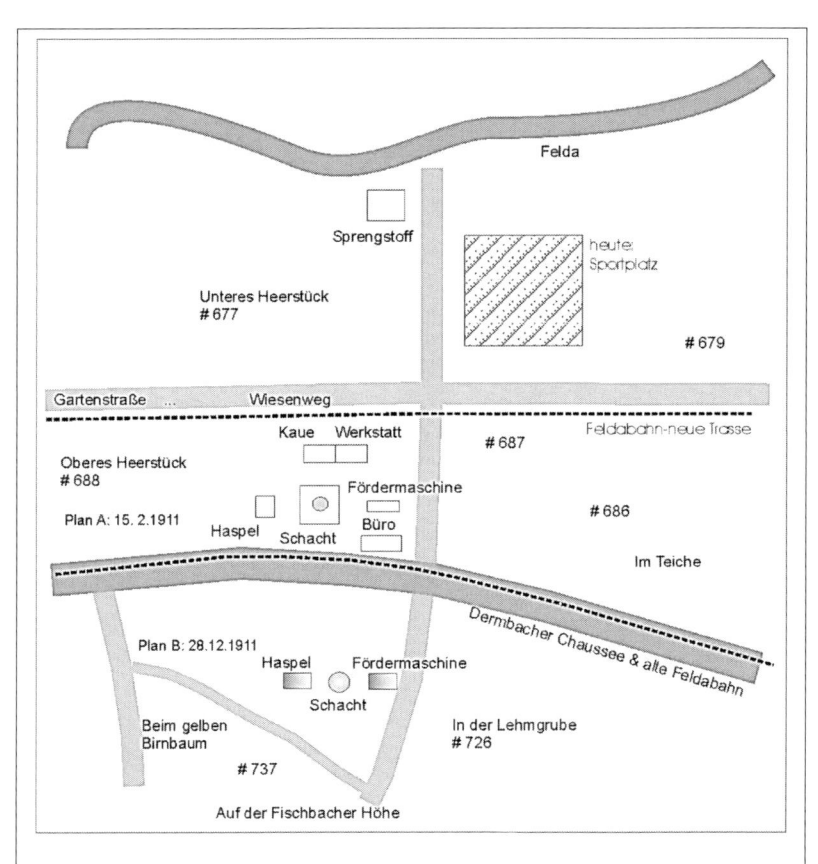

Abbildung 5: Projektierte Lage des Kalischachtes „Großherzogin Sophie" in Stadtlengsfeld von 1911; Plan A und Plan B, nachdem es Probleme mit dem Neubau der Feldabahn-Trasse gab; Gedächtnisskizze aus den Zeichnungen der Betreibergesellschaft; Quelle: R. Schlegel, 2013

Die Leitung der Arbeiten hatten die Bergingenieure Beil und Hugo Pippert, später Gustav Hethey. Am 12. 2. 1913 befand sich der Schacht schon bei einer Tiefe von ca. 10 m. Die Ausführung der Arbeiten übernahm die Deutsche Schachtbau-Aktiengesellschaft Nordhausen. Am 16. 6. 1914 wurde der

Schacht durch einen Aufsichtsbeamten des Großherzogliches Sächsischen Bergreviers befahren. Starkes Wasser musste „gesümpft" werden. Am 8. 9. 1914 kam es zum Arbeitsstillstand bei einer Teufe von etwa 85 Meter. [1] Die Schwierigkeiten beim Abteufen waren offensichtlich so groß, dass die Arbeiter sogar zeitweilig streikten (vergleiche Abb. 6).

Zu allem Unglück begann der Erste Weltkrieg. Die Arbeiten kamen nunmehr vollständig zum Erliegen. Auch nach dem Krieg ging es nicht so recht weiter.

Deutschland lag industriell und moralisch am Boden. Aus einem Schreiben vom 12. 12. 1919 geht hervor, dass die Fortsetzung der Teufe nicht realisiert werden kann, weil Kohle für die

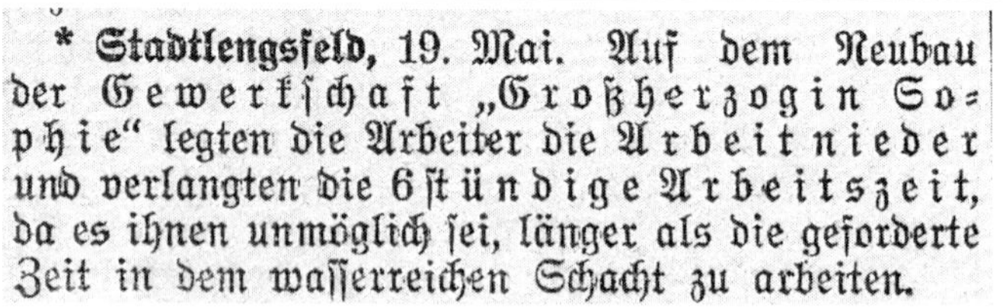

* **Stadtlengsfeld,** 19. Mai. Auf dem Neubau der Gewerkschaft „Großherzogin Sophie" legten die Arbeiter die Arbeit nieder und verlangten die 6stündige Arbeitszeit, da es ihnen unmöglich sei, länger als die geforderte Zeit in dem wasserreichen Schacht zu arbeiten.

Abbildung 6: Faksimile einer Mitteilung der „Eisenacher Zeitung" vom 20. 4. 1913 über die Situation am Schacht in Stadtlengsfeld; Quelle: Archiv R. Schlegel [4]

Dampfmaschinen fehlt. Schließlich legte das Thüringische Bergamt in Saalfeld am 30. 11. 1922 fest, die Teufarbeiten einzustellen und für eine Abdeckung des Schachtes Sorge zu tragen.

Die Abdeckplatte wurde mit Schienen und Beton gefertigt. Sie hatte nach statischen Berechnungen ein Dicke von 18 Zentimeter und einen Querschnitt von 5 Meter. Das endgültige Aus für den Lengsfelder Schacht kam am 26. 5. 1937 durch das oben genannte Bergamt (vergleiche Abb. 7).

Obwohl dieser Schacht nicht in Betrieb ging, kam es rings um

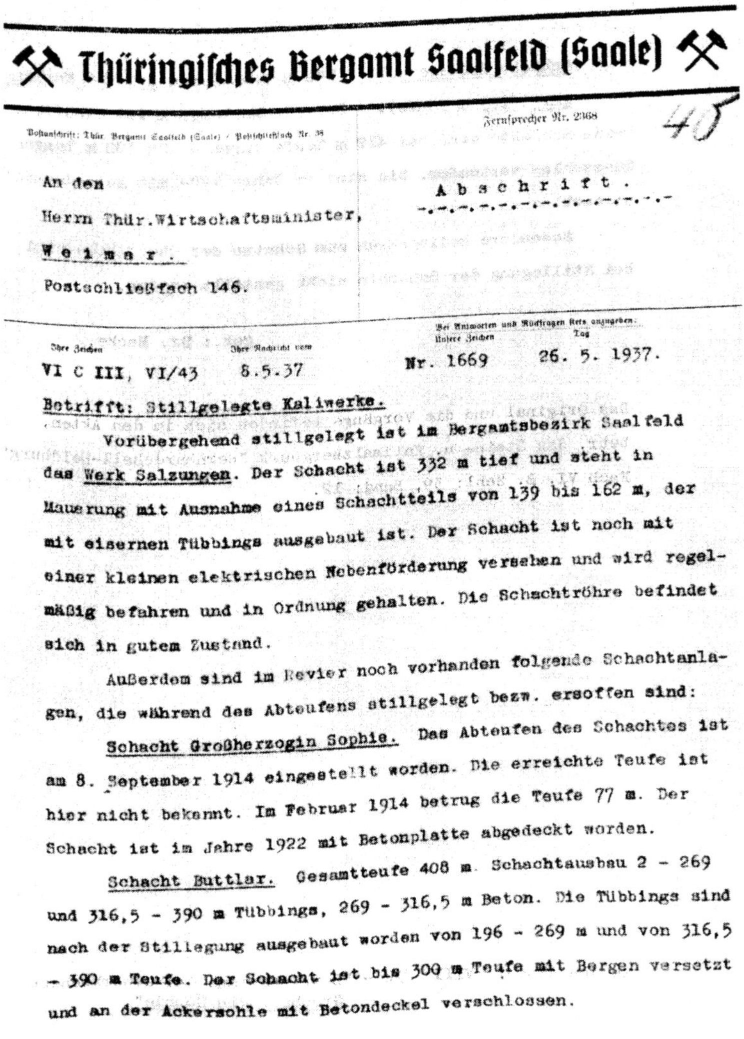

Thüringisches Bergamt Saalfeld (Saale)

Postanschrift: Thür. Bergamt Saalfeld (Saale) / Postschließfach Nr. 38

Fernsprecher Nr. 2368

An den

Herrn Thür. Wirtschaftsminister,

Weimar.

Postschließfach 146.

Abschrift.

Ihre Zeichen VI C III, VI/43

Ihre Nachricht vom 8.5.37

Bei Antworten und Rückfragen stets anzugeben: Unsere Zeichen Nr. 1669 Tag 26. 5. 1937.

Betrifft: Stillgelegte Kaliwerke.

Vorübergehend stillgelegt ist im Bergamtsbezirk Saalfeld
das Werk Salzungen. Der Schacht ist 332 m tief und steht in
Mauerung mit Ausnahme eines Schachtteils von 139 bis 162 m, der
mit eisernen Tübbings ausgebaut ist. Der Schacht ist noch mit
einer kleinen elektrischen Nebenförderung versehen und wird regelmäßig befahren und in Ordnung gehalten. Die Schachtröhre befindet
sich in gutem Zustand.

Außerdem sind im Revier noch vorhanden folgende Schachtanla-
gen, die während des Abteufens stillgelegt bezw. ersoffen sind:

Schacht Großherzogin Sophie. Das Abteufen des Schachtes ist
am 8. September 1914 eingestellt worden. Die erreichte Teufe ist
hier nicht bekannt. Im Februar 1914 betrug die Teufe 77 m. Der
Schacht ist im Jahre 1922 mit Betonplatte abgedeckt worden.

Schacht Buttlar. Gesamtteufe 408 m. Schachtausbau 2 - 269
und 316,5 - 390 m Tübbings, 269 - 316,5 m Beton. Die Tübbings sind
nach der Stillegung ausgebaut worden von 196 - 269 m und von 316,5
- 390 m Teufe. Der Schacht ist bis 300 m Teufe mit Bergen versetzt
und an der Ackersohle mit Betondeckel verschlossen.

Abbildung 7: Faksimile eines Briefes des Bergamtes Saalfeld von 1937, der die Beendigung der Teufungsarbeiten am Kalischacht Stadtlengsfeld beinhaltet. Quelle: [5]

Stadtlengsfeld zu profitablen Kalibergbau (Menzengraben, Merkers, Kaiseroda etc.), der der Region viele Jahre Nutzen und Arbeit brachte.

Vom Viehhändler zur Industriellen-Dynastie

Rolf Schlegel

In Gotha gab es bis in 1930er Jahre die Metallwarenfabrik Ruppelwerke. Sie produzierte u. a. Metall- und Massengüter in lackiertem Stahlblech. Zum Beispiel elektrische Lampen in vielerlei Gestalt. Ein Produkt ist der Abb. 1 zu entnehmen. Noch heute werden derartige Gegenstände im Antikhandel angeboten. Eine Zeit lang wurden die Artikel im Stil des Bauhauses produziert. Verantwortlich war hierfür Marianne Brandt (1893 - 1983), die ihre Befähigung im Industriedesign öfters unter Beweis gestellt hatte. Nach ihrem Ausscheiden am Bauhaus arbeitete sie zunächst in Walter Gropius` Berliner Bauatelier. Danach trat sie am 10. Dezember 1929 bei der Ruppelwerk GmbH in Gotha ein und wurde dort Leiterin der "Entwurfsabteilung Metall- und Massengüter in lackiertem Stahlblech". Hier wirkte sie bis 1932. [3] Sie wurde durch ihre weiteren Tätigkeit weltbekannt. [4]

Abbildung 1: Windlicht der Ruppel-Werke, Gotha; Eisen, Messing und Glas. Runder terracottafarbener Fuß und Schaft, oberhalb durchbrochene Messingmontage für den Glaseinsatz mit linearem Ätzdekor. Firmenmarke mit Zusatz Geschützt; schwarz gestempelt; um 1930; 250,- € aktueller Auktionswert, 2013; Quelle: Archiv R. Schlegel, 2012

Die gothaer Ruppelwerke stehen für die lokale Wirtschaftsgeschichte sowie die jüngere jüdische Gemeinde am Ort.

Warum ist das erwähnenswert?

Es waren die Brüder Emanuel und Abraham Ruppel aus Stadtlengsfeld, die 1870 nach Gotha zogen, um im Haus „Zur Goldenen Schelle" am Hauptmarkt Nr. 40 eine Eisenwarenhandlung zu eröffnen. [1] Aus dem florierenden Laden entwickelte sich schnell eine Firma für Haushaltswaren, später sogar für industrielle Metallwaren. Im Jahr 1894 kauften sie in der Reinhardsbrunner Str. 57 - 59 Baugrund, um selbst Haushaltswaren herzustellen. Nach dem Tod der Gebrüder übernahm Robert Ruppel, Sohn von Emanuel, im Jahr 1906 die Direktion (vergleiche Abb. 2). Erste Patente sicherten dem Unternehmen einen schrittweisen ökonomischen Aufstieg.

Abbildung 2: Kommerzienrat Robert Ruppel, um 1920; Quelle: verändert nach [2]

Der Kommerzienrat Robert starb 1931. Er wiederum vermachte den Familienbesitz seinem Sohn, dem am 18. September 1900 in Gotha geborenen Ernst. Der in Berlin und Frankfurt/M. studierte Nationalökonom und Jurist, Dr. Ernst Ruppel, erweiterte 1931 maßgeblich das Unternehmen mit der Übernahme der Werke Auerbach & Scheibe in Saalfeld (vergleiche Abb. 3 und 4). Das war ein prosperierender Werkzeugmaschinenbauer mit Tradition seit 1888 und Absatzmärkten in Asien sowie Südamerika. Zuvor, im Jahr 1929 heiratete Ernst die Lehrausbilderin Annemarie Fleischhauer aus Gotha. Im gleichen Jahr wurde der erste

Sohn, Klaus Robert, 1934 der zweite Sohn Ernst Dieter geboren. [5]

Mit der Machtübernahme Adolf Hitlers erfuhr die jüdische Familie eine zunehmende Stigmatisierung und sozialen Abstieg. Während der Reichspogromnacht von 1938 in Deutschland deportierte das NSDAP-Regime sogar den promovierten Firmeninhaber in das KZ Buchenwald, eine sogenannte Schutzhaft. Unter der Nummer 20735 war er arretiert. Zugleich erzwang man am 19. April 1938 von ihm die Unterschrift zur sogenannten Arisierung der Gothaer Ruppelwerke. Von dem vereinbarten Kaufpreis von 975.000 Reichsmark (RM) wurde sofort 60.000 RM abgezogen, die für Gebühren der "Arisierung" bezahlt werden mussten!
Letztendlich wurde die Verkaufssumme auf 470.000 RM heruntergehandelt. Der Rest der Summe von 410.000 RM wurde zu gleichen Teilen auf die bisherigen Gesellschafter der Auerbach & Scheibe AG, die Erben Robert, die Witwe Sophie Ruppel, Ernst und seine Schwester Elisabeth Kaufmann, geborene Ruppel, aufgeteilt.

Abbildung 3: Kommerzienrat Ernst Ruppel, um 1935; Quelle: verändert nach [2]

Vorausgegangen waren dem natürlich zahlreiche Intrigen und Denunziationen. Auch der Versuch, den Kindern die Firma zu überschreiben, die „Mischlinge 1. Grades" waren, wurde durch die nationalsozialistischen Machthaber vereitelt. Der Verkauf der Firma an Willy Starke, den Direktor der Singer Nähmaschinenwerke in Wittenberge, gelang genauso wenig. Willy Starcke verband eine langjährige Freundschaft mit den Ruppels. Nach allen nazistischen Machenschaften ging schließlich aus den Ruppelwerken die arisierte „Gothaer Metallwaren-Fabrik GmbH" hervor, mit etwa 1.000 Arbeiter und Angestellte. [2]

Es gelang ihm aus der Internierung zu entkommen. Seine Frau unternahm große Anstrengungen zur Erlangung eines Visums für England. Sie war persönlich beim Gothaer Polizeipräsident, Paul Hennicke, und bat ihn um die Freilassung ihres Mannes. Hennicke stimmte der Freilassung aus dem KZ zu, wenn ein gültiges Ausreisevisum vorgelegt werden kann. Durch Bekannte kam Annemarie in Kontakt mit Frank Foley, dem Leiter der Abteilung Passwesen der Britischen Botschaft in Berlin, der zugleich Agent (Major) des britischen Geheimdienstes „MI6" war. Er versorgte die ganze Familie mit Visa für die Einreise nach England. An Bord eines niederländischen Flugzeuges floh

Abbildung 4: Mitarbeiter der Auerbach & Scheibe AG in Saalfeld 1936; Quelle: Bildarchiv Stadtmuseum Saalfeld, Nr. 09119

die Thüringer Unternehmerfamilie aus Deutschland.

In Stourbridge bei Birmingham glückte Ernst Ruppel ein neuer wirtschaftlicher Aufstieg. Übrigens stammte Major Frank Foley, der die Ausreisevisa besorgte, auch aus Stourbridge. Die Familien verband nach dem Krieg ein inniges Verhältnis. Ernst etablierte eine Reihe von Werken in der sog. E. W. Stockham Group (Holdings) Ltd.

Die Fabriken in Deutschland erhielt die Familie auch nach dem Zweiten Weltkrieg nicht zurück. Nachkommen der Ruppels, vor allen die nach England flohen, gibt es noch heute. Sie erwarben sich Respekt u.a. in Mittelengland und gehören inzwischen zum lokalen Establishment.

Die Familie geht auf Lengsfelder sowie Gehauser Juden zurück (vergleiche Abb. 5). Lengsfeld war zu jener Zeit eine bedeutende jüdische Gemeinde. Der nicht arme Warenhändler in Lengsfeld und vermutlich aus Gehaus zugezogen, Ruben Ruppel, geb. 10. 5. 1795, und seine Frau Jachet Sonder (geb. 20. 6. 1803) sind die Eltern von den einleitend genannten Emanuel und Abraham Ruppel. Das Vermögen von Ruben wird mit 1.400 Reichsthalern (RT) angegeben, seine Steuer mit 409 RT.

Er war sog. Schutzjude seit 1819. [2] Jachets Grab ist noch heute auf dem jüdischen Friedhof in Stadtlengsfeld zu finden. Der Vater von Jachet war Itzig L. Sonder, ein Viehhändler aus Gehaus bzw. Lengsfeld; die Mutter Ettel Blaufuss entstammt einer alteingesessenen und angesehenen Lengsfelder Familie, die sich bis um 1650 zurückverfolgen lässt, zum Beispiel, Kaspar Blaufuss, der im Stadtrat wirkte.

Ähnlich dem Ernst Ruppel erging es Arthur Sonder. Er hat die gleichen familiären Wurzeln (vergleiche Abb. 5 und 6). Anfang 1928 eröffnete der jüdische Kaufmann Arthur gemeinsam mit

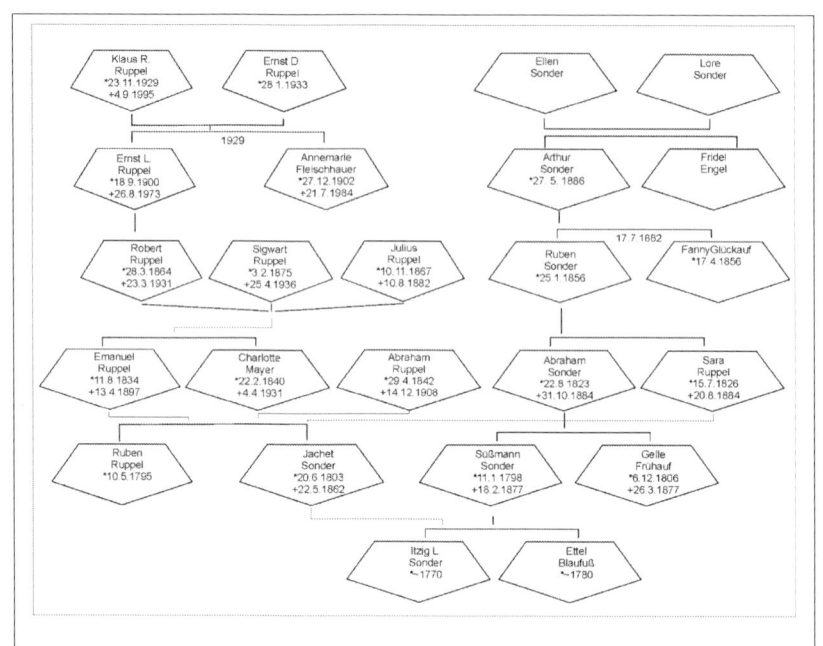

Abbildung 5: Partielle Stammtafel von Ernst Ruppel sowie Arthur Sonder; Quelle: zusammengestellt nach [6]

einem Geschäftspartner ein Etagengeschäft für Seiden-, Woll- und Baumwollstoffe, Gardinen und Teppiche in der Petersstraße 16 in Leipzig.

Arthur wurde am 27. Mai 1886 in Stadtlengsfeld geboren. Er besuchte die Volkschule und erhielt Privatunterricht. Nach einer kaufmännischen Lehre bei einer Textil- und Manufakturwarenfabrik in Eisenach nahm er ein Studium an der dortigen Handelshochschule auf. Es folgten Tätigkeiten als Einkäufer und Abteilungsleiter bei Textil-Großhandels-Unternehmen in mehreren Städten Deutschlands. Im Jahre 1910 gründete er das Textilkaufhaus A. Sonder & Co. GmbH in Gelsenkirchen. [7] Arthur Sonder heiratete Fridel Engel. Das Ehepaar hatte zwei Töchter,

Lore und Ellen. Das Unternehmen in Leipzig entwickelte sich hervorragend. Auch unter den Auswirkungen der Weltwirtschaftskrise seit Anfang der 1930er Jahre und den Bedingungen von Boykott und Drangsal gegenüber jüdischen Firmen im NS-Staat, hielt das Textilhaus „Sonder" die Umsätze stabil. Das Geschäft hatte durch gute Qualität und niedrige Preise eine große jüdische und nichtjüdische Stammkundschaft. Aber die äußeren Umstände der antijüdischen Politik blieben nicht ohne Folgen. Im April 1933 schied der Geschäftspartner Bernhard Wartensleben aus. Arthur Sonder wurde Alleininhaber.

Abbildung 6: Arthur Sonder, um 1938; Quelle: Ellen Leikind, Great Neck (USA), Foto: Ernst Hönisch

Im Frühjahr 1935, nach einem Rabattverkauf von Stoffresten, begannen gezielte Angriffe gegen die Firma. Die Angriffe gingen von der Nationalsozialistischen Handels- und Gewerbe-Organisation (NS-Hago) aus, die das Geschäft „arisieren" wollte.

Da Arthur Sonder nicht „freiwillig" einem Verkauf zustimmte, wurden Anschuldigungen gegen seine Unternehmensführung erhoben. Schnell fanden sich ein Staatsanwalt, der Anklage wegen unlauteren Wettbewerbes und Verstoßes gegen das Wettbewerbsgesetz erhob und ein Richter, der am 25. Juli 1935 eine unvorstellbar hohe Strafe in einer Sache verhängte, die höchstens als geringfügige Ordnungswidrigkeit angesehen werden konnte.

Als Nebenkläger war der Leipziger Verband des Einzelhandels aufgetreten. Als Sachverständiger wurde ein 22-jähriger kaufmännischer Angestellter vom Kaufhaus Theodor Althoff gehört.

Arthur Sonder wurde zu 30.000 RM Geldstrafe, ersatzweise fünf Monate Gefängnis, verurteilt. Das Urteil besiegelte den Zwangsverkauf seiner Firma. Im August 1935 verständigte sich der Leiter der NS-Hago und stellvertretende Kreisleiter der Deutschen Arbeitsfront (DAF) mit einem Vertreter der Kreishauptmannschaft (Regierungspräsidium) über den Verkauf. Die Firma ging an den Berliner Kaufmann Curt Hentschel, der über den Berliner Rechtsanwalt der Salamander AG, die Eigentümerin des Grundstücks Petersstraße 16 war, ins Spiel gebracht wurde.

Abbildung 7: Kurt Weill, um 1930; Quelle: [8]

Die Familie Sonder emigrierte im Jahre 1936 ebenfalls nach England. Arthur Sonder übernahm in London ein kleines Geschäft. Im März 1938 wurde die Familie Sonder offiziell aus Deutschland ausgebürgert und verlor damit die deutsche Staatsangehörigkeit. Hauptzweck war natürlich die Beschlagnahme des zurück gebliebenen Vermögens.

Auch Künstler traf das Schicksal der Emigration.

Kein Geringerer als Kurt Weill war es. Kurt Weill begann 1918 mit dem Studium der Musik an der Hochschule für Musik in Berlin (Abb. 7). 1920 folgte dann ein Engagement als Kapellmeister

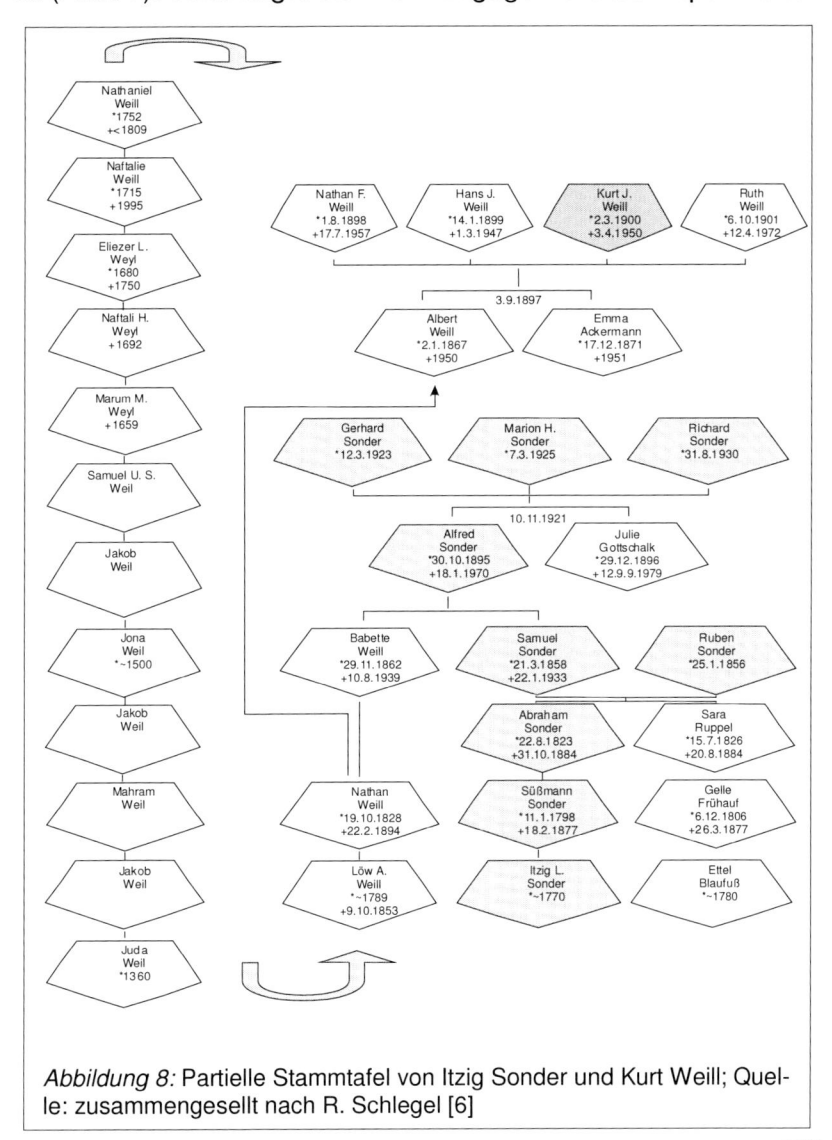

Abbildung 8: Partielle Stammtafel von Itzig Sonder und Kurt Weill; Quelle: zusammengesellt nach R. Schlegel [6]

am Stadttheater Lüdenscheid. Maßgebend für sein späteres Schaffen, insbesondere seine Opernästhetik, wurde die Zeit als Schüler Ferruccio Busonis. In seinen frühen Opernprojekten ab 1925 nutzte Weill Libretti von Georg Kaiser und Yvan Goll. 1927 begann er mit Bertolt Brecht zusammenzuarbeiten, woraus 1928 „Die Dreigroschenoper" entstand, sein wohl bekanntestes Werk.

Nach der Machtübernahme der Nationalsozialisten in Deutschland 1933 floh er nach Paris, wo er im Auftrag für das Théâtre des Champs-Élysées ein Ballett mit Gesang („Die sieben Todsünden", Text B. Brecht) komponierte und seine Zweite Symphonie vollendete. In Deutschland fielen seine Werke der Bücherverbrennung im Mai 1933 zum Opfer. 1935 emigrierte Weill in die USA. Ein Hauptwerk der frühen Exilzeit ist „Der Weg der Verheißung" bzw. „The Eternal Road", ein Bibelspiel, das die Geschichte des jüdischen Volkes darstellt. Es ist eine Mischung aus Schauspiel, Liturgie und Oper. In den 1940er Jahren hatte WEILL dann großen Erfolg am Broadway in New York mit verschiedenen Musicals und erhielt 1943 die amerikanische Staatsbürgerschaft. [8]

Im Februar 1950 begann Weill, gemeinsam mit Maxwell Anderson, an den Arbeiten zu einem Musical nach Mark Twains „Huckleberry Finn". Die geplante Musical Comedy musste jedoch unvollendet bleiben, da er im März 1950 schwer erkrankte. Am 19. März liefert man ihn in das Flower Hospital in New York ein, wo er am 3. April 1950 an den Folgen eines Herzinfarkts starb. Kurt Weill wurde am 5. April im Mount Response Cemetery in Haverstraw (USA) beigesetzt.

Kurt Weill geht wiederum aus einer uralten Rabbi-Dynastie hervor, die bis in das Jahr 1360 reicht (vergleiche Abb. 8). Am 12. 12. 1894 heiratete eine Babette Weill in Kippenheim den Samuel Sonder. Hier kreuzen die aus Lengsfeld stammenden

Sonders die Stammlinie der Weills. Der Bruder Albert Sonder ist der Vater Kurt J. Weill!

Solche famosen Zufälle eröffnen sich, wenn man Ahnenforschung betreibt.

Bibliographie

Lengsfeld in den Wirren der Zeit

[1] Bach, C. E. (1897) Im Tullifeld: aus der nördlichen Vorrhön! Eine historisch-landschaftliche Umschau in engerer Heimat. Verl. R. Hartmann, Sondheim v. d. R., pp. 316
[2] Friese, A. () Studien zur Herrschaftsgeschichte des fränkischen Adels. Der mainländisch-thüringische Raum vom 7. bis 11. Jh. pp. 256
[3] Dobenecker (1896-1904) Regesta diplom. Schenkungsurkunde Karl der Große schenkt dem Kloster Hersfeld das Gebiet um Dorndorf. a. a. O. , Bd.I , Nr. 55
[4] Backhaus, F. und John, H. (1961) Die Gaue vor und nach 900. In: Geschichtlicher Atlas von Hessen. Land Hessen
[5] Hessler, W. (1957) Mitteldeutsche Gaue des frühen und hohen Mittelalters. Abh. sächs. Akad. Wiss., phil.-hist. Kl., 49: pp. 1997
[6] Meusel, J. G. (1780) Beyträge zur Erweiterung der Geschichtkunde, Band 1. Verl. C. H. Stage, Augsburg, pp. 308
[7] Voss, G. und P. Lehfeldt (1888) Großherzogthum Sachsen-Weimar-Eisenach: Verwaltungsbezirk Dermbach: Amtsgerichtsbezirke Vacha, Geisa, Stadtlengsfeld, Kaltennordheim und Ostheim v. d. Rhön. Fischer Verl. Jena
[8] Wölfing, G. (1995) Kleine Henneberger Landeskunde. Verl. Frankenschwelle Hans J. Salier, Hildburghausen, pp. 192
[9] Genßler, J. A. (1803) Geschichte Gaues Grabfeld in Frankonien. Bd. 2. Schleusingen. pp. 394
[10] Anonymus (736) http://books.google.de/books?id=ybdIAAAAcAAJ&pg=PA17&lpg=PA17&dq=Trad.+Fuld.+Pistorius+2,+108+819&source=bl&ots=iNHe7qm7ua&sig=cgubUBufFintfYbqKvjeY7hpe8&hl=de&sa=X&ei=ZlBoUc5ls_Eswbp9YHoCA&ved=0CDEQ6AEwAA#v=onepage&q=Trad.%20Fuld.%20Pistorius%202%2C% 20108% 20819&f=false
[11] Schultes, L. A. (1825) Directorium diplomaticum oder chronologisch geordnete Auszüge von sämmtlichen über die Geschichte Obersachsens vorhandenen Urkunden. http://books.google.de/books?id= ybdIAAAAcAAJ&pg=PA17&lpg=PA17&dq=Trad.+Fuld.+Pistorius+2,+108+819&source=bl&ots=iNHe7qm7ua&sig=cgubUBufFintfYbqKvjeY7hpe8&hl=de&sa=X&ei=ZlBoUc-5ls_Eswbp9YHoCA&ved=0CDEQ6AEwAA#v=onepage&q= Trad.%20 Fuld.%20Pistorius%202%2C%20108% 20819&f=false
[12] Anonymus (805-812) *Breviarium Sancti Lulli* oder verkürzt, Güterverzeichnis des Klosters Hersfeld. Im: Hersfelder Kopiabuch „liber de libertatibus locorum Hersfeldensium *(fol. 33^v – 35^v)* aus dem 12. Jh.

[13] Meyer zu Ermgassen, Heinrich (1995-2009): *Der Codex Eberhardi des Klosters Fulda*, Bd. 1-4, Marburg.
[14] Anonymus (1840) Staatshandbuch für das Großherzogtum Sachsen von Sachsen-Weimar-Eisenach. Verl. Albrecht, Hofdruckerei, Weimar, pp. 356
[15] Lehfeldt, P. und Voss, G. (1911) Landeskunde des Großherzogthums Sachsen-Weimar-Eisenach. Fischer Verl. Jena, pp. 451
[16] Schannat, Johann Friedrich (1724) *Corpus traditionum Fuldensium* – Versuch einer Geschichte und Topographie der Herrschaft Lengsfeld. Leipzig
[17] Pistorius, Niddanus (1583/1607) *Rerum Germanicarum veteres jam primum publicati scriptores...*, (Erstdruck aller vorhandenen Urkunden und Diplome), Frankfurt.
[18] Anonymus (1155) *Clementia imperialis bene.* http://www.regesta-imperii.de/regesten/4-2-1-friedrich-i/nr/1155-10-00_1_0_4_2_1_425_422.html
[19] Leimbach, R. (2012) http://www.insuedthueringen.de/lokal/bad_salzungen/fwstzslzlokal/875-Jahre-alt-na-und;art83434,2070145
[20] Anonymus (1338) Thüringer Staatsarchiv Meiningen, GHA - Urk. Nr. 284 Stadtlengsfeld 1338 Siegel
[21] Anonymus (1548) Urkunde beim Hessischen Staatsarchiv, Marburg
[22] Anonymus (1628) Fürstlicher Fuldischer Befehl zur Durchführung der Gegenreformation gegeben wegen der Jahrmärkte und des Tanzens an Sonn- und Feiertagen. Hessisches Staatarchiv, Marburg
[23] Anonymus (1996) Germania Sacra.Historisch-Statistische Beschreibung der Kirche des Alten Reiches. Ed. Max-Planck-Institut f. Geschichte. Red. Irene Crusius 36; Die Bistümer der Kirchenprovinz Mainz. Verl. W. de Gruyter, Berlin, New York
[24] Ebner, K. (2001) Die mittlere Bronzezeit in Südthüringen. Diss. Philipps Universität Marburg, pp. 269
[25] Voss, G. (1911) Großherzogthum Sachsen-Weimar-Eisenach: Verwaltungsbezirk Dermbach: Amtsgerichtsbezirke Vacha, Geisa, Stadtlengsfeld, Kaltennordheim und Ostheim v. d. Rhön, pp 16
[26] Anonymus (1846) Staatshandbuch für das Großherzogthum Sachsen-Weimar-Eisenach 1846. Druck der Albrecht'schen privil. Hof-Buchdruckerei

Anna Schmidt – eine Hexe

[1] Anonymus (2013) http://www.google.de/imgres?imgurl=http://www. tinger.tv/mediac/400_0/media/DIR_52680/Die_geschaendete_ehre_4_000 6.jpg&imgrefurl=http://www.rettinger.tv/4851/50623.html&h=261&w=400 &sz=48&tbnid=EvBhz5F7N_XUsM:&tbnh=92&tbnw=141&zoom=1&usg=

_9qxugMjSzrrTFsK28XNJaNDtNhc=&docid=RCoUdxP5F41VKM&sa=X o&ei =mnIrUYvRC4KitAbopIDgCg&ved=0CF8Q9QEwDg&dur=3696

[2] Anonymus (2013) Hexenprozesse in Friesenhagen. www.friesenhagener-geschichte.de

[3] Repgow, Eike von (1220–1235) Sachsenspiegel, Rechtsbuch. Es gilt als das bedeutendste und, gemeinsam mit dem Mühlhäuser Reichsrechtsbuch, älteste Rechtsbuch des deutschen Mittelalters.
http://de.wikipedia.org/wiki/Sachsenspiegel

[4] Anonymus (1545) Mittelalterlicher Landsknecht-Hauptmann mit Partisane. http://de.wikipedia.org/ w/index.php?title=Datei: Landsknechts-hauptmann_1545.jpg&filetimestamp=20070314070408

[5] Anonymus (2013) Hessisches Staatsarchiv Marburg, Bestand 340 Dep. v. Boineburg-Lengsfeld

[6] Füssel, R. (2003) Die Hexenverfolgungen im Thüringer Raum. DOBU Verlag, Hamburg, pp 139

[7] Schilling, H. (2012) Martin Luther Rebell in einer Zeit des Umbruchs. Verl. C. H. Beck oHG, München

Ein Werwolf in Lengsfeld

[1] Bechstein, L. (1930) Deutsches Sagenbuch. Merseburg & Leipzig, pp 511
[2] http://commons.wikimedia.org/wiki/File:Werwolf.png
[3] Anonymus (2013) Hessisches Staatsarchiv Marburg, Bestand 340 Dep. v. Boineburg-Lengsfeld

Der Tod ist nicht umsonst

[1] Füssel, Ronald (2001) Hexen und Hexenverfolgung in Thüringen. pp 115
[2] Anonymus (2013) Hessisches Staatsarchiv Marburg, Bestand 340 Dep. v. Boineburg-Lengsfeld

Waldsachsen

[1] Boyneburg-Lengsfeld, A. Frh. von (1834) Allgemeine Encyklopädie der Wissenschaften und Künste. Brockhaus Leipzig, pp. 51
[2] Bechstein, L. (1930) Deutsches Sagenbuch. Merseburg & Leipzig, pp. 511
[3] Schneier, W. (1983) Das Coburger Land. Coburg, pp. 280
[4] Anonymus (1317) Hessisches Staatsarchiv Marburg, http://www.deutsche-digitale-bibliothek.de/item/J7CEEA6TGABCD6SOMMYUBNJ2BERHSWIK
[5] Anonymus (1488)Hennebergisches Archiv Meiningen, http://www.thueringen.de/imperia/md/content/staatsarchive/meiningen/findbuch/ghavi.pdf

[6] Anonymus (1843) Historisches und genealogisches Adelsbuch des Großherzogthums Baden. Stuttgart, pp. 222
[7] Anonymus (1823) Karte des Großherzoglichen Partrimonial Amtes Lengsfeld

Kohl oder Kohle

[1] Heim, Ludwig (1776) Hennebergische Chronica 3, pp. 82
[2] Anonymus (1823) Karte des Großherzoglichen Partrimonial Amtes Lengsfeld
[3] Anonymus (1516) Boineburg Archiv X §28

Holz- oder Braunkohle

[1] Albert, R. (2010) Chronik von Bischofsheim a. d. Rhön: mit Haselbach und dem Kreuzberg
[2] Zeise, W. (2010) Historische Geldanlage: Rhön-Aktien unterm Christbaum; in: Heimattagebuch des Landkreises Rhön-Grabfeld, Bd. 32, Mellrichstadt, pp. 119
[3] Gümbel, F. (2006) Paläobotanischer Bericht und Geologische Notizen zu den Braunkohlen vom Hochrain. in: B. Leister (Hrsg.), Der Hochrain bei Gerstengrund – Zur Geschichte der Höfe und dem Braunkohlenbergwerk Hochrain, pp. 56–62
[4] Bechstein, L. (1930) Deutsches Sagenbuch. Merseburg & Leipzig, pp. 511
[5] Anonymus. http://web.uni-weimar.de/cms/uploads/media/Skript-053-104.pdf
[6] Spieß, Balthasar (1867) Die Rhön. A. Stuber's Buchhandlung, Würzburg
[7] Kahl, W. (2010) Erstwähnung Thüringer Städte und Dörfer. Ein Handbuch. Verl. Rockstuhl, Bad Langensalza, pp 150

Kohlhepp wandert aus

[1] Pulido, Martin (2009) http://fredkohlhepp.blogspot.de/search/label/1862
[2] Pulido, Martin (2010) http://fredkohlhepp.blogspot.de/2010_05_01_archive.html
[3] Schlegel, R. (2013) Lengsfelder Ahnen. Digit. Datenbank, acc. 16.793
[4] Bridge, Richard K. Journal 1: 19-24 September 1905, http://fredkohlhepp.blogspot.de/2010/05/richard-k-bridge-journal-1-19-24.html
[5] Anonymus (2013) http://www.geni.com/people/Annalee-Kohlhepp/6000000001710526999

Rebellion

[1] Anonymus (1862) Stadtarchiv Stadtlengsfeld
[2] Anonymus (1848) Acten subro: Regierungs-Commissions-Acten betrifft die Untersuchung wegen der im Amtsbezirk Lengsfeld vorgekommenen Ruhestörungen. Stadtarchiv Stadtlengsfeld, Nr. 162
[3] Leimbach, R. (2008) Welche Bedeutung hat die Inschrift „Handschuhmacher" an der Wand der neuen Leichenhalle? Baier-Bote 6 (9)

Die Pertermanns

[1] Herbat, A. (1917) Rhönklänge, 2. Auflage, Eisenach
[2] Anonymus (2013) http://de.wikipedia.org/wiki/August_Herbart
[3] Schlegel, R. (2013) Lengsfelder Ahnen. Digit. Datenbank, acc. 18.915
[4] Anonymus (2013) Hessisches Staatsarchiv Marburg, Bestand 340 Dep. v. Boineburg-Lengsfeld
[5] Leimbach, R. und R. Schlegel (2013) Rebellion. in: Lengsfelder Geschichten 1. Verl. Books on Demand GmbH, Norderstedt, Deutschland

Ein Philosoph in Lengsfeld

[1] Schreiber, Christian (1827,1852) Skizze einer Selbst-Biographie von Christian Schreiber", handschriftlich in: Kirchenbuch des Ev.-luth. Pfarramtes Stadtlengsfeld, nebst späterer Überarbeitungen des Verfassers; publ. in: Biographie des Christian Schreiber; ed.: Karl Wilhelm Justi, „Grundlage zu einer Hessischen Gelehrten- Schriftsteller- und Künstler-Geschichte vom Jahre 1806 bis zum Jahre 1830", Fortsetzung von Strieder's Hessischer Gelehrten- u. Schriftsteller-Geschichte und Nachtrag zu diesem Werk, Verl. Garthe, Marburg 1831, pp. 833 ff.
[2] Schreiber, C. und Heß, I. (1823) Über den Eid der Juden. Eine Vertheidigungsschrift gegen die öffentlich aufgestellte Behauptung: "Daß der Eid der den Talmud befolgenden Juden nicht verbindend sey, und kein Vertrauen verdiene". Verl. Bärecke, Eisenach, pp. 120
[3] Schreiber, C. (1816) Christliches Liederbuch. Verl. Wittekindt, Eisenach, pp. 207
[4] Anonymus (1825) Aufzeichnungen aus dem Turmknauf der ev. Kirche zu Stadtlengsfeld; Archiv b. R. Leimbach
[5] Erbslöh, Andreas (2011) 75 Jahre Familienverband Julius Erbslöh Festschrift zum 75-Jährigen Bestehen 1989. http://www.erbsloeh.org/to/75jahre.htm
[6] Schlegel, R. (2013) Lengsfelder Ahnen. Digit. Datenbank, acc. 18.005

[7] Anonymus (1850) Allgemeine Zeitung des Judentums vom 25.11.d. J.; http://www.alemannia-judaca.de/stadtlengsfeld_texte.htm#Zur%20Vereinigung%20der%20christlichen%20und%20j%C3%BCdischen%20Schulen%20zu%20einer%20B%C3%BCrgerschule%20%281850%29%C2%A0
[8] Appelius, P. (1996) Christian Schreiber in seiner Zeit. http://www.erbsloeh.org/to/75jahre.htm
[9] Schreiber, C. (1818) Brief an Hochwürden Oberprediger in Homburg. *www.zkauf.de* › Philatelie › Vorphilatelie › Altdeutschland › Bis 1849

Ein Denkmal aus Valparaíso?

[1] Anonymus (1923) Zeitschrift „Die See" 26 (1) Stadtarchiv Stadtlengsfeld; http://www.skyscrapercity.com/showthread.php?t=262266
[2] Anonymus (2013) Der erste Weltkrieg. http://de.wikipedia.org/wiki/Erster_Weltkrieg
[3] Anonymus (2013) http://www.20min.ch/diashow/19644/1914_franz_ferdinand.jpg
[4] Anonymus (1924) Stadtarchiv Stadtlengsfeld
[5] Leimbach, R. (2011) Stadtlengsfelder Geschichte. Wenn der Kirchturm erzählt. Eigenverlag
[6] Schlegel, R. (2013) Lengsfelder Ahnen. Digit. Datenbank, acc. 18.903

Moritz Goldschmidt und die Lengsfelder Schule

[1] Frahm, J.-P. und Eggers, J. (2001) Lexikon deutschsprachiger Bryologen. BoD Verl., Norderstedt, pp.628
[2] Schlegel, R. (2013) Lengsfelder Ahnen. Digit. Datenbank, acc. 16.687
[3] Schragenheim, E. (1988) Correspondenz Ernst & Ruth, http://digital.cjh.org/view/action/singleViewer.do?dvs=1361652845650~744&locale=de_DE&VIEWER_URL=/view/action/singleViewer.do?&DELIVERY_RULE_ID=5&frameId=1&usePid1=true&usePid2=true&COPYRIGHTS_DISPLAY_FILE=lbi-copyrightnotice-01
[4] Kleber, Heinz (2011) Christen und Juden lebten einst friedlich zusammen. Heimat- u. Geschichtsverein, Geisa. pp.136

Maestro Zentgraaff

[1] Schlegel, R. (2013) Lengsfelder Ahnen. Digit. Datenbank, acc. 16.940
[2] Anonymus (2010) http://home.hccnet.nl/4winds/zentgraaff/
[3] Anonymus (2013) http://home.hccnet.nl/4winds/zentgraaff/